소비연금 이야기

소비연금 이야기

육십에 쓰는 감사일기 — 이혜숙

이음과나눔

소비연금 이야기
ⓒ 이혜숙, 2022

―

초판 1쇄	2022년 12월 16일
지은이	이혜숙
펴낸이	하태환
펴낸곳	이음과나눔
편집	하태환
디자인	장동욱 최준원

등록 제 2022-000021호
주소 (05542) 서울시 송파구 올림픽로 336, 708호(방이동, 대우유토피아오피스텔)
전화 010-9721-7077 팩스 050-4444-7077 이메일 seagul-lee@hanmail.net
ISBN 979-11-981214-0-0 값 16,000원

인지를 생략합니다.
잘못된 책은 바꿔 드립니다.

이룰 수 없는 꿈은 없다. 방법을 모를 뿐
Into a Dream Come True.

프롤로그

소중한 이에게 보내는 소비연금 편지

    60년을 살아보니 20년 단위의 장기계획을 세우는 게 중요하다는 걸 알게 된다.

첫 번째 20년 (1세~19세)
    종갓집 장녀로 태어나 증조할머니, 할머니, 부모님, 고모, 삼촌께 사랑을 듬뿍 받으며 행복한 유년 시절을 보냈다. 숟가락질 하는 법, 걷기와 말하기, 글자와 숫자, 인간관계 맺는 법을 배우면서 차근차근 홀로 서는 연습을 했다. 이 시기에 가장 잘하고 싶은 것은 공부였다.

두 번째 20년 (20세~39세)
    직장생활도 해보고, 가정도 가져보고, 아이들도 낳고 기르며 재미나게 살았다. 월세도 살아보고, 전세도 살아보고, 내 집 마련도 해봤다. 가계부도 써보고, 저축도 해보고, 대출도 받아봤고.
    '강원도, 경기도, 경상도, 미국, 서울, 전라도, 충청도'

20년 동안 스무 번 넘게 이사를 다니면서 동에 번쩍 서에 번쩍 홍길동처럼 살았다.

"빨리 빨리."

이 시기에 가장 많이 한 말이다.

1. 부자가 되고 싶다
2. 온가족이 함께 살고 싶다

두 가지 생각을 주로 했다. 아이들을 잘 기르는 것과 내 집을 마련하는 데에 전력투구했다.

세 번째 20년 (40세~59세)

직장인에서 1인 기업가가 됐다. 시간과 돈으로부터 자유를 꿈꾸며 6,000편의 소비연금 이야기를 블로그에 썼다. 65차례의 해외여행을 했고, 도전과 시행착오를 반복하며 네트워크마케팅 분야에서 전문성을 얻었다. 4,300원의 캐시백에서 시작해 소비연금 1,000만 원을 만들었고, 예순 이후의 삶을 준비했다.

첫 번째 20년은 독립을 준비하며 보냈고, 두 번째 20년은 직장생활과 가정생활을 하는 데에 전념했고, 세 번째 20년은 시스템 구축에 몰입했으니 모두 다 새로운 삶이었다. 전부 처음 해본 일들이기에 많이 헤맸고, 늘 스스로 남들보다 부족하다고 느껴 더 열심히 노력했다.

네 번째 20년이 시작되었다. 하루에 여덟 시간씩 x 365일 x 20년 = 58,400시간이고, 1만 시간을 집중하면 한 분야에서 전문가가 된다고 한다. 횡재를 만난 기분이다.

이제 시간을 자유롭게 쓰기만 하면 된다. 더 이상 누군가의 눈치를 보지 않아도 된다. 이제 하고 싶은 일만 하면 된다. 더 이상 하기 싫은 일을 하지 않아도 된다.

세상에 빚진 것들이 많다. 더 늦기 전에 갚고 떠나야지.

- 건강을 선물해주는 사람
- 소비연금을 일반화시키는 사람
- 꿈찾사 _ 꿈을 찾아주는 사람
- 연결공유를 하는 사람

네 번째 20년의 핵심키워드들이다.
친구가 편지로 써 보내준 소비정보 덕택에, 건강한 삶과 돈 걱정 없는 삶을 살고 있다. 마흔에 부업으로 시작한 '생필품슈퍼를 바꾸는 일'이 감사하게도 평생직업이 되었다. 나 역시 누군가에게 희망을 주고 싶어 오늘도 소비정보를 연결공유한다.

2019년은 연금의 해, 2020년은 감사의 해, 2021년은 건강과 연금의 해, 2022년은 소비연금학교의 해다. 해마다 테마를 잡아 살아보는 것도 의미있겠다.

2022년 12월
이혜숙

차례

프롤로그　　　　　　　　　　　　　　　　　　　6

1　**좋은 돈, 소비연금**

안갯길과 내비게이션　　　　　　　　　　　21
국민연금통지서　　　　　　　　　　　　　24
오병이어의 기적　　　　　　　　　　　　　26
5층 연금 시스템　　　　　　　　　　　　　31
소비연금과 국민연금　　　　　　　　　　　37
연금복권 1등 당첨금　　　　　　　　　　　41
매주 1만 원으로　　　　　　　　　　　　　44

2 좋은 연결공유

아버지 7주기에 일어난 기적	49
코로나와 가족관계증명서	52
혼돈과 질서	56
도서출판 이음과나눔	59
열 명의 리더	62
소유보다 연결공유	65
두 발로 걸을 수 있을 때까지	69
튼튼한 집 여덟 채	71
3년 육아휴직이 준 기회	77
하이리빙과 배달의민족	83

3 **좋은 여행**

최고의 여행 89
공짜여행으로 세계지도를 91
용문석굴과 장야현담(長夜賢談) 94
사랑하고, 고뇌하고, 배우고 105
이역만리 고모 집에서 만난 우리 가족 109
섬과 섬을 이어주는 다리 114
65번의 강제여행 117
돈으로 환산할 수 없는 것 121
라스베가스에서 만난 부부 126
시간의 향수(鄕愁) 129
꿈찾사 131

4 좋은 일

거북이가 토끼를 이긴 이유	135
파이를 키우는 일	143
소비연금과 다섯 가지 기적	146
코로나와 프로슈머들의 등장	149
고코 시대 3관왕	156
하이리빙, 우리사주(LG화학주), 우리의식	159
21세기 유망산업	161
인생에서 가장 비싼 수업료	163

5   **좋은 습관**

생각의 시대와 글쓰기 습관 169
공동운명주, 윈윈공동체 173
세상에서 가장 이상한 비밀 177
일기 한 편당 70만~80만 원 181
좋은 습관이 돈이 되는 시대 183
살고, 쓰고, 사랑하자 186
매일 열 줄 글쓰기 습관 20년 190

6   **좋은 시대**

가황 나훈아 콘서트	195
문맹의 기준	197
시아버님 앞에서 사업설명	200
달님에게 사업설명	203

7 **좋은 생각**

뿌리와 정체성	209
2020년은 감사의 해	213
딸의 자소서	215
맏며느리 종부로서의 삶	217
사업 초기 세 사람의 사랑	221
거절과 기회	224
두 차례 방송출연	230
생각 좀 하며 세상을 보자	233
60세 생일	238
서바이벌게임	243

8   **좋은 시스템**

내 안에 잠자는 거인	249
굿 라이프	253
좋은 사람들과 좋은 시간	257
수도꼭지와 돈	261
하이리빙과 SRT	268
좋은 제품, 건강, 행복	270
리부트(reboot)	272
인생길과 네이버 길찾기	275

9 **좋은 건강**

매일 기본만, 늘 기본만　　　　　　　　　　281
매일 기본, 늘 기본　　　　　　　　　　　　285
좋은 물, 식이섬유, 암 보험료　　　　　　　287
중환자실 간호사　　　　　　　　　　　　　290

에필로그　　　　　　　　　　　　　　　294

1 좋은 돈, 소비연금

20191230

안갯길과 내비게이션

"퇴직한 다음에 300만 원만 벌었으면 좋겠다."
은퇴를 앞둔 친구는 말했다. 300만 원, 30년 이상 공무원으로 재직한 사람이 받는 공무원연금의 액수다. 생필품소비를 통해 연금성 소득 300만 원을 얻을 수 있다면 환상적인 일일 거다.
'현실적인 기초나 가능성이 없는 헛된 생각이나 공상'[1]
그리고 내가 하는 일이 바로 환상의 일이다.

친구의 말을 들으니 사업 초기에 느낀 막막함이 떠올랐다. 돈을 쓰면서 돈을 버는 원리를 이해할 수 없었다.
'안개가 걷히고 나면 뚜렷한 길이 보이게 될 거다.'
'이 길이 꼭 연금성 소득 같다.'
대전의 유일한 도서벽지학교에서 근무하던 시절, 안개 자욱한 농로를 따라 출근하며 생각했다.

---

1) 네이버 국어사전 _ 환상(幻想)

4,300원

생필품슈퍼를 바꾸고 캐시백 4,300원을 받았다.
'어떻게 소비가 돈이 된다는 것일까?'
'어떻게 이 금액이 연금성 소득이 된다는 거지?'
4,300원에 대한 호기심이 사업의 시작이었다. 호기심 때문에 강의를 듣고 책을 봤다. 공부하면서 소비를 했고, 소비하는 제품의 가지 수를 늘려나가다 보니 수수께끼가 풀렸다.
'생필품소비에 돈이 있다'
가슴이 뛰어 잠을 잘 수가 없었다.

22,000원
10만 원
55만 원
액수가 늘면서 캐시백이 들어왔다.

250만 원

당시 16년차 교사가 받던 봉급보다 더 큰 금액을 하이리빙에서 받았다. 보이지 않던 세상이 보이기 시작했다.

500만 원

매달 불어나면서 돈이 입금됐는데 실감이 안 났다. 500만 원을 서너 번 더 수령한 뒤, 이미 받은 돈까지는 믿음이 생겼지만 1,000만 원은 정말로 상상이 안 됐다.
'1,000만 원도 진짜 주려나?'
'계속 주려나?'
인식의 한계가 딱 500만 원까지였다. 주위의 어느 누구도 그 너머를 못 가봤기에 당연한 일이었다. 두렵고 불안했으며, 믿음보다는 의심이 더 컸다. 두려움을 느끼는 건 자신을 보호하기 위한 본능이라는 걸 알게 됐다.

1,000만 원

1,000만 원을 서너 번 받은 후에야 두려움과 불안이 사라졌다. 의심과 안심 사이를 수백, 수천 번 왔다 갔다 하면서 생각이 조금씩 바뀌어 갔다. 인생에서 최고로 드라마틱한 18개월을 그렇게 보냈다. 복리의 세계를 겪고 난 뒤, 삶 전부가 달라졌고, 기하급수의 신비를 체험한 덕택에 평생현역으로 살게 되었다.

"4km만 지나면 터널이 끝납니다. 안전운전 하세요."
"2km 남았습니다."
"1km만 더 가면 돼요."
"이제 300m."
"100m 전, 빛이 보이기 시작하네요."

짙은 안갯속을 운전할 때, 깜깜한 터널을 통과할 때, 한 치 앞도 볼 수 없어 막막할 때, 내비게이션의 안내가 나아갈 힘을 줬다. 안개가 걷히고 나니 새로운 세상이 펼쳐졌다. 생각조차 못 한 장소에 기회가 있었고, 너무 가까워 보지 못 한 곳에 돈이 있었다. 생필품소비에 금맥이 있었다.

팁_ 추가소득 200만 원을 원하십니까?

200만 원, 500만 원을 이미 벌고 있는 사람을 따라 하십시오. 그 길이 가장 빠른 길이며 쉬운 길입니다.

내가 하는 일은 해놓고 보면 단순하고 당연한 일이지만, 하기 전까지는 헛된 생각이나 공상에 불과한 일이다. 내비게이션만 있으면 모르는 길도 안심하고 떠날 수 있다. 누군가의 내비게이션이 되고 있음에 감사드린다.

20200928

국민연금통지서

2020년 10월은 예순이 되는 생일 달이다. 시월이 되기 며칠 전, 국민연금통지서를 받았다.

- 나이 듦
- 연금 받는 일

평생 나와는 상관없을 것 같던 두 가지 일이 현실이 되었다는 생각에 하루 종일 기분이 이상했다.
'퇴직 후, 취직도, 자영업도 할 수 없는 상황에서 국민연금 50만 원으로 살아야 했다면 어땠을까?'
생각만으로도 아찔해서 '굿 라이프 감사 이야기' 글을 쓰며 스스로를 달랬다.
나이 듦은 선택할 수 없는 문제지만 소비연금은 선택할 수 있는 문제이기에 기를 쓰고 만들어놨다. 100세 시대에 60의 위치를 확인하니 살면서 받은 통지서들이 떠오른다.

초등학교 취학통지서
"몇 밤 자면 학교 가요?"
빨리 가고 싶어서 하루에도 몇 번씩 부모님께 여쭤봤다.

보건교사 합격통지서
높은 경쟁률을 뚫고 합격했기에 기분이 좋았다.

하이리빙 웹사이트
- 하이패밀리
- 마스터
- 하이마스터
- 자이언트
- 임페리얼
- 오너

이 글자들이 '나의 직급'으로 처음 뜬 날들 역시 세상을 다 얻은 것처럼 기뻤다.

남편의 진급발표

아이들의 합격통지서

이 통지서들을 수령할 때는 좋았지만 국민연금통지서는 황량하고, 씁쓸하다. 소비연금을 받고 있음이 위로가 된다.

20201002

오병이어의 기적

    이번 추석에도 반가운 얼굴들과 함께했다. 친정 4남매는 직접 만났고, 시댁 5남매는 줌(Zoom)으로 만났다. 피는 물보다 진하다는 말의 뜻을 9남매 가족들과 함께하며 실감한다.

    불현듯 오병이어의 기적이라는 말이 떠올랐다. 9남매 가족이 생필품슈퍼를 함께 이용한다면 월마트(Wall Mart) 형제들처럼 유통부자가 될 수도 있다. 보리떡 다섯 개와 물고기 두 마리로 5,000명을 먹이신 예수님처럼 생필품슈퍼에는 기적의 삶이 있다.

    20년 전, 인터넷슈퍼에 들러 생필품을 산 대가로 4,300원을 캐시백 받았다. 신기해서 세 명에게 이 사실을 알리니 다음 달에는 22,000원이 들어왔고, 세 명이 함께 이 사실을 알리니 다음 달에는 10만 원을 수령했다.

    다음 달에는 55만 원을 돌려받았는데 4,300원을 캐시백 받은 지 3개월 만에 생필품소비의 액수보다 광고소득의 액수가 더 커진 것이다.

    여섯 번째 달에 250만 원, 열두 번째 달에 500만 원이 들어왔으며 열여덟 번째 달부터는 억대연봉을 수령하게 됐다. 월 1,000만 원씩 40년을 계속 받는다고 생각해보자. 매달 1,000만 원씩 나오는 시스템은 자산 100억 원의 가치를 지니고 있다.

　돈의 비밀을 경험하고 나서는 증거할 수밖에 없었다. 내가 체험한 돈의 비밀이 '평범한 사람이 부자가 될 수 있는 유일한 사닥다리'라 믿으며 날마다 글을 쓰다 보니 수천 편의 이야기가 됐다.

두피와 머리카락
샴푸, 린스, 염색약, 헤어스프레이

치아
치약, 칫솔

피부
스킨, 로션, 영양크림, 아이크림, 선크림, 클렌징크림, 마사지크림, 수분크림

식품
쌀, 현미, 잡곡, 콩류, 김치, 라면, 간장, 고추장, 양념류, 소금, 식용유

세제
주방세제, 세탁세제, 섬유유연제, 다목적세제, 욕실세제, 세탁전처리제

다양한 생활용품
화장지, 키친타월, 물티슈, 우유, 생리대, 기저귀, 젖병

　하루를 살아가는 데 필요한 생필품들이다. 가지 수도 많고, 양도 엄청나다. 한 명이 하루에 1만 원씩 60년을 소비한다고 가정해보자.

- 혼자 소비하면 2억 2천만 원이다
- 4인 가족이 함께 소비하면 10억 원이다
- 9남매 가족이 함께 소비하면 100억 원이다
- 고급제품을 사용하면 200억~300억 원이다

모든 제품의 가격에는 40~70퍼센트 이상의 유통마진이 들어있으니 지금까지 40억~210억 원을 누군가에게 주며 살아온 거다. 우리 사업의 핵심이 바로 여기에 있다. 이 유통마진을 내가 돌려받는 거다. 매출액의 최대 35퍼센트까지를 나와 내 가족이 돌려받는 거다.

'사람이 곧 돈이다', '멤버십이 곧 돈이다', '우리 자신이 황금알을 낳는 거위다'라는 걸 모든 사람들에게 알려주고 싶다.

- 나부터 치약, 칫솔, 화장지를 하이리빙 제품으로 바꿔 쓴다
- 제품을 바꿔 쓰는 사람의 수를 늘린다
- 바꿔 쓰는 제품의 가지 수를 늘린다

이렇게 하면 돈이 된다. 마르지 않는 돈인 연금성 소득이 된다.

2년 전, A와 만난 날이 떠오른다. A는 화장품 영업직에 18년 동안 종사해온 판매의 베테랑이었다. 이 긴 기간 동안 업계에서 탑을 놓친 적이 없었는데 주말도, 밤낮도 없이 일에 전념한 결과였다.
그러나 퇴직을 앞두고 자신에게 아무것도 남지 않았다는 걸 알게 됐고, 같은 기간인 18년 동안 생필품소비자 멤버십을 구축한 나와 자신을 비교하면서 놀랐다. '일하지 않아도 저절로 돌아가는 시스템'을 가지고 있는 나를 보며 감탄한 A는 과감히 전업을 했다.
"간단하고 쉬운 사업이었는데 왜 이제 알았는지 모르겠어요. 사장님

이 시키는 대로 해볼 테니 저 좀 도와주세요."

A는 말했다.

뛰어난 사업 감각과 열정을 지닌 덕택에 2년이 안 되어 월 500만 원을 버는 직급에 이르렀고, 사업의 성장속도 역시 놀라울 정도로 빨랐다. 하지만 판매업계에서 잔뼈가 굵은 A는 시스템을 배우고, 가르치면서 복제시스템을 만드는 지루한 과정을 견디기 힘들어했다. 결국 3년을 못 버티고 판매마진을 더 많이 주는 회사로 떠나갔고, 그곳에서도 1년이 안 되어 판매마진을 더 많이 주는 화장품회사로 옮겨갔다.

1년 전 이맘때, B는 자신이 짠 플랜을 가져왔다.

"쉽고 간단한 사업이었는데 왜 그렇게도 못했는지 모르겠어요."

B는 말했다.

"준비, 출발!"

매달 20만 원씩 쓰는 소비자 40명이 한꺼번에 뛰쳐나가 다 함께 하이리빙 생필품슈퍼를 이용한다.

"그럼 40명이 동시에 비전을 보겠죠. 함께 공부하고 있는 클래스메이트들만으로도 가능해요."

대학원생인 B는 희망적인 시나리오를 쓰면서 신나 하며 수시로 아이디어를 줬고, '아름다운 세상을 위하여'라는 멋진 제목의 동영상을 보내오기도 했다. 그러나 100일이 되기 전에 포기했는데 함께할 세 명을 만들지 못 했기 때문이다.

'소비가 진짜로 돈이 되는구나.'

라는 복리의 마법을 체험하려면 최소 세 명은 모여야 한다. 물론 한 명이나 두 명만 모여도 돈은 되지만 너무 느려서 비전을 경험할 수는 없다.

'세 명이면 되는 사업이다'

이 개념이 오병이어의 기적의 시작이자 핵심이다. 말은 쉽지만 함께

할 세 명을 찾는 건 사막에서 오아시스를 찾는 것만큼이나 어려운 일이다. 오아시스를 찾는 가장 빠른 길은 내가 먼저 누군가의 세 명 중 한 명이 되어주는 거다. 그럼 벌써 3분의 1이 된다.

세 명이 모이면 또 다른 세 명을 새로 모으면 된다. 세 명씩 끊어서 차근히 모아가는 사업이다. 우리가 하는 사업은

1. 물건을 파는 일이 아니다
2. 자가(自家)소비 고객을 유치하는 일이다

둘의 핵심 차이는 시스템을 구축할 수 있는지 여부에 있다. 우리 사업은 한 마디로 시스템을 복제시키는 사업이다. 포기하지 않았음에 감사드린다.

20210121

5층 연금 시스템

    2021년 1월 현재, 하이리빙에서 20년 6개월째 돈을 받고 있다. 생필품소비를 통해 매달 꾸준히 수령하고 있는 이 연금성 소득을 '소비연금'이라고 명명하겠다. 이 책을 쓰는 목적은 소비연금 만드는 방법을 알리기 위해서다.
    국제연합(UN)은 고령인구(65세 이상 인구) 비율이 전체 인구의 7퍼센트 이상이면 고령화 사회, 14퍼센트 이상이면 고령사회, 20퍼센트 이상이면 초고령화 사회로 분류하고 있다.
    고령화 사회에서 고령사회로 진입하는 데에 프랑스는 115년, 미국은 73년, 독일은 40년, 일본은 24년, 한국은 17년(2000~2017년)이 걸렸다.
    한두 개의 연금을 받는 것만으로는 불안한 시대, 5층 연금 이야기가 나오기 시작했다.

  0층 연금
    기초연금이다. 어떤 연금도 준비하지 못 한 사람에게 국가가 주는 연금이다.

1층 연금

국민연금이다. 기본적인 생활을 위해 국가가 보장하는 연금이다.[2]

- 1952년생까지는 만 60세부터 받을 수 있다
- 1953~1956년생은 만 61세부터 받을 수 있다
- 1957~1960년생은 만 62세부터 받을 수 있다
- 1961~1964년생은 만 63세부터 받을 수 있다
- 1965~1968년생은 만 64세부터 받을 수 있다
- 1969년 이후 년생은 만 65세부터 받을 수 있다

국민연금은 수령자의 출생년도에 따라 연금을 받기 시작하는 나이가 달라지는데, 나이가 어릴수록 연금수령 가능연령이 높아지는 구조다. 1969년 이후 년생이 쉰에 퇴직을 하면 15년이라는 연금공백기가 생긴다.

국민연금제도는 1988년부터 시행했다.

2층 연금

퇴직연금이다. 표준적인 생활을 위해 기업이 보장하는 연금이다.[3] 과거에는 일시불로 줬고, 연금의 형태로 바꾼 지는 채 몇 년도 안 됐다.

3층 연금

개인연금이다. 여유 있는 생활을 위해 개인적으로 준비하는 연금이다.[4]

---

2)~4) 기사 '[PB칼럼] '3층' 연금도 부족하다면…'4층'에 주택연금'(헤럴드경제, 20200919, 권성정 씀)

3층 연금에는 특수연금도 있다. 공무원연금, 군인연금, 사학연금 등이 여기에 속한다. 봉급의 4퍼센트를 매달 적립하는 형태로 퇴직한 이후에 나오게 된다.

4층 연금[5]

주택연금이다. 하우스푸어들을 위한 노후대책으로써 한국주택금융공사가 주관하는 연금이다. 집을 맡긴 뒤, 매달 연금을 받게 된다.

5층 연금

월 지급식 펀드[6]와 일자리(long work)연금[7]이 있다. 월 지급식 펀드로는 부동산 임대소득이 있고[8], 일자리연금에는 소비연금이 있다.

'초저금리 시대에는 단순히 자산을 불리려는 노력보다 꾸준히 소득을 창출하는 데 집중해야 한다. 현역으로 일하는 시기를 연장하거나 은퇴 후 연금을 받으면서도 크게 부담이 없는 일을 지속하면서 추가소득을 창출하는 게 중요하다는 의미다.

은퇴 후, 월 100만 원씩 벌 수 있는 일을 계속하는 건 지금처럼 1년 만기 정기예금 금리가 연 1퍼센트대 초반으로 떨어진 상황에서는 수억 원의 자금을 굴리는 것과 같은 효과를 낼 수 있다.'[9]

정말 공감하는 말이다.

---

[5] 4층 연금부터는 사람마다 다양한 정의가 있다.
[6] 기사 '5층 연금디자인 시대, 내 연금은 몇층에'(뉴스토마토, 20150625, 김보선 씀)
[7] 기사 '[2016 한경 머니로드쇼] 기존 '3층탑'에 주택연금·일자리 연금 더한 '5층탑' 쌓아라'(한국경제, 20160301, 김태우 씀)
[8] 펀드는 아니지만 '월 지급식'이라는 개념에 초점을 맞춰서 5층 연금이라고 하겠다.
[9] 기사 '[2016 한경 머니로드쇼] 기존 '3층탑'에 주택연금·일자리 연금 더한 '5층탑' 쌓아라'(한국경제, 20160301, 김태우 씀)

0~3층 연금은 80세 시대를 대비한 연금이며, 4~5층 연금은 100세 시대를 대비한 연금이다.

내가 받고 있는 연금, 받기 위해 준비 중인 연금. 받을 뻔한 연금들을 통해 5층 연금 시스템을 조금 더 자세히 알아보겠다.

국민연금

1층 연금이다. 만 62세가 되는 2022년 10월부터 매달 50만 원씩 수령하게 되고, 이를 위해 국민연금공단에 매달 평균 25만 4,000원씩 16년째 불입하고 있다.

특수연금

3층 연금이다. 우리 때는 공무원연금을 수령하려면 근무기간 20년을 채워야만 했다. 18년 반 동안만 불입했기에 못 받는다. 퇴직금을 일시불로 받았다.

개인연금

3층 연금이다. 쉰둘에 현대해상화재보험에 가입했고, 예순다섯부터 일흔넷까지 10년 동안 매달 55만 원씩 받게 된다. 이를 위해 현대해상에 매달 35만 원씩 12년 불입, 약 5,040만 원을 미리 맡긴 후, 나중에 6,600만 원을 분할수령 하는 거다.

부동산 임대소득

5층 연금이다. 소비연금을 통해 얻은 수익으로 부동산을 구입하면서 5층 연금 두 개를 동시에 준비했다.

소비연금

5층 연금이다. 2000년, 하이리빙마트로 생필품슈퍼를 바꾼 다음 달부터 캐시백을 받기 시작했는데, 첫 번째 달에 4,300원, 두 번째 달에 22,000원, 세 번째 달에 10만 원, 네 번째 달에 55만 원, 다섯 번째 달에 120만 원, 여섯 번째 달에 250만 원, 열두 번째 달에 500만 원을 받았다. 그 뒤로도 지금까지 총 20년 6개월째 매달 연금성 소득을 수령하고 있으니 생필품소비가 소비연금이 된 것이다.

아직까지 연금을 준비하지 못 한 분이 계시다면 소비연금에 가입하시길 추천 드린다. 가입하기 쉽다.

- 하이리빙마트에 회원가입을 한다(가입비 없음)
- 하이리빙마트에서 물건을 산다
- 사용하고 나서 제품이 좋으면 다른 사람들한테 알린다
- 상대방이 한 생필품소비가 나에게 광고비로 돌아온다
- 수백, 수천, 수만 명이 소비를 해도 광고비로 돌아온다

세상에는 수많은 광고방식들이 존재한다.
'제품을 직접 써본 사람이 제품을 알린다'
하이리빙은 수많은 광고방식들 중에서 '구전광고(바이럴마케팅)'라는 방식을 택하고 있기에 이 일이 가능하다.

'모든 제품의 가격에는 40~70퍼센트 이상의 유통마진이 들어있다'
우리 사업의 핵심개념이다. 하이리빙은 이 유통마진을 회원들에게 돌려주는 거다. 매출액의 최대 35퍼센트까지를 돌려줄 수 있는 이유가 바로 여기에 있다.

하이리빙의 주력제품은 생필품이므로 소비자들은 자연스럽게 재구매를 하게 되고, 여럿이 모여 함께 소비하면 소비연금이 된다.

- 하이리빙으로 생필품슈퍼를 바꾸는 것 = 소비연금 불입

- 하이리빙 회사 = 소비연금공단

이렇게 생각하면 소비연금을 이해하기 쉽다. 소비자도, 회사도 모두 이익을 보게 되니 연금성 소득을 얻는 게 가능하다.

100세 시대, 연금은 필수이며 가장 좋은 연금은 5층 연금이다. 부동산 임대소득은 진입장벽이 있지만, 소비연금에는 진입장벽이 없다. 코로나로 인해 사회는 급속히 온라인화되고 있기에 생각만 바꾸면 소비연금을 충분히 만들 수 있다.

20211210

소비연금과 국민연금

'소비자들이 모이면 돈이 된다'
우리 사업의 핵심개념이다.

의료의 비약적인 발전 덕택에 100세 시대가 되었다. 20~30년 전만 해도 공상과학 소설 같던 이야기가 현실이 되어버린 까닭에 국가와 개인 모두 대비를 못 해놓은 상태다.
강 건너 불이던 연금문제가 발등의 불이 됐다. 연금의 중요성을 깨달은 부모들이 10~20대 자녀들의 국민연금까지 챙기기 시작한 연금의 시대에 소비연금을 불입하는 방안을 제시한다. 건강과 연금을 동시에 만들 수 있는 합리적인 대안을 제시한다.

현재 스물인 자녀는 2061년에 예순이 된다. 5년을 기다리면 예순다섯이 되고, 매달 71만 원을 받게 된다. 71만 원 연금을 받게 해주려고 매달 9만 원씩 40년 동안 국민연금공단에 보험료를 낸다.
가족구성원들 각자가 9만 원씩 국민연금을 넣는다고 가정해보자. 3인 가족이면 27만 원, 4인 가족이면 36만 원이니 한 달에 약 30만 원을 국민연금공단에 불입하는 거다.

한 가정이 한 달 동안 생필품을 구입하는 데에 최소 30만 원은 쓴다. 대부분 쿠팡이나 롯데마트 등에서 구매하고 있을 텐데 하이리빙에서 소비하면 아래와 같이 된다.

- 우리 가정만 소비하면 캐시백 6,000원을 받는다
- 40가정이 함께 소비하면 캐시백 86만 원을 받는다
- 121가정이 함께 소비하면 캐시백 250만 원을 받는다

기간은 6개월에도 가능하다.

40년 동안 매달 국민연금을 내주는 자식사랑의 방향성을 소비연금 불입으로 바꾸면 더 빨리, 더 많이, 함께 연금의 혜택을 누릴 수 있다. 좋은 제품 쓰고, 가족여행 다니면서 자녀들의 꿈을 실현하는 데에 도움을 줄 수 있는 큰돈을 연금성 소득으로 얻을 수 있다. 부모와 자식의 연금문제를 동시에 해결할 수 있다.

'나로 인해 생겨난 생필품소비자 네트워크의 규모가 늘어난다'
연금성 소득이 되는 이유다.

기준_ 한 명의 소비자가 한 달에 생필품 30만 원(20만 HP(하이리빙 포인트))을 쓴다고 가정하겠다
한 명의 소비자가 각각 세 명의 소비자를 만든다고 가정하겠다

1단계
1 (1)
생필품소비자 네트워크의 규모가 총 한 명이 된다. 캐시백 6,000원을 받는다.

2단계

　1　　(1)
　111　(3)

생필품소비자 네트워크의 규모가 총 네 명이 된다. 캐시백 3만 원을 받는다.

3단계

　　　1　　　(1)
　1　1　1　　(3)
111 111 111　(9)

생필품소비자 네트워크의 규모가 총 열세 명이 된다. 캐시백 9만 원을 받는다.

4단계

　　　　　1　　　　　(1)
　　1　　　1　　1　　(3)
1 1 1 1 1 1 1 1 1 (9)
111 111 111 111 111 111 111 111 111 (27)

생필품소비자 네트워크의 규모가 총 40명이 된다. 캐시백 86만 원을 받는다.

5단계

　　　　　1　　　　　(1)
　　1　　　1　　1　　(3)
1 1 1 1 1 1 1 1 1 (9)
111 111 111 111 111 111 111 111 (27)
333 333 333 333 333 333 333 333 (81)

생필품소비자 네트워크의 규모가 총 121명이 된다. 캐시백 250만 원을 받는다.

- 매달 30만 원씩 소비하니
- 여럿이 모여 함께 소비하니

연금불입 효과가 일어난다.

국민연금 예상수령액[10]
연금보험료(월 기준) _ 9만 원
가입기간
10년　18만 원
20년　36만 원
30년　54만 원
40년　71만 원

71만 원, 큰돈이다. 하지만 40년 후 71만 원의 가치와 현재 71만 원의 가치가 똑같을까? 1985년에 내가 받은 교사 초봉이 약 20만 원이고, 현재 교사 초봉은 약 200만 원 정도 된다. 36년 만에 열 배 차이가 나는 거다. 이 수치를 기준으로 추정하면 40년 후 71만 원의 가치는 지금의 7만 1,000원쯤 될 거다.

---

[10] 유튜브_채널 'KBS News'_콘텐츠 '[ET] 1020 가입자 증가...국민연금, 빠를수록 많이 받는다? / KBS 2021.12.06.'

20220619

연금복권 1등 당첨금

연금복권이란 단어를 처음 알게 됐다. 호기심이 들어 유튜브로 정보를 찾아본다.

연금복권 1등에 당첨되면 매달 700만 원씩 받게 된다. 세금 22퍼센트를 제하면 실 수령액은 월 546만 원이니 20년 동안 총 13억 1,040만 원을 수령하게 된다.

연금복권 1등에 당첨될 확률은 길을 걷다가 벼락에 맞을 확률보다 더 낮고, 4지 선다형 열한 문제, 5지 선다형 열 문제, 총 스물한 문제를 눈 감고 찍어서 다 맞힐 확률보다도 더 낮다. 한 마디로 받기가 거의 불가능한 돈이다.

'복권 1등에 당첨되면 매달 546만 원을 20년 동안 받을 수 있다'
이 연금성 소득을 연금복권이라고 부른다는 게 신선하다. 500만분의 1의 확률에 매주 수백만 명이 도전하고 있다는 게 충격적이고.
연금복권을 공부하다가 흥미로운 사실을 알게 됐다.

- 하이리빙의 하이마스터 직급이 받는 소비연금
- 연금복권 1등 당첨금

둘의 액수가 거의 같다. 현재 하이리빙에서 하이마스터가 받는 연봉은 평균 8,800만 원이다. 매달 2,500만 HP(하이리빙 포인트, 돈으로 환산하면 3,000만~3,500만 원) 매출을 올리면 월 550만~600만 원의 소비연금을 받게 된다. 따라서

- 매달 25만 원씩 소비하는 120~140명을 확보하면 된다
- 매달 50만 원씩 소비하는 60~70가정을 확보해도 된다

하이리빙에는 수천 종류의 질 좋은 제품들이 있기에 필요한 물건을 사다 보면 매달 50만 원씩 소비하는 건 일도 아니다. 거기에 건강식품, 화장품까지 쓰면 100만 원 넘게도 구입한다. 어딘가에서는 반드시 해야만 하는 생필품소비다.

1. 하이리빙에서 한다
2. 쿠팡이나 롯데마트 등에서 한다

1번이 2번보다 더 이익이 된다는 걸 광고하면 된다. 소비정보를 꾸준히 연결공유하다 보면 100명 규모의 생필품소비자 네트워크를 구축하게 된다.

실질적인 연금을 원하시는 분들에게 소비연금 수령방법을 알려드리자.

나는 사업을 시작한 지 만 1년째인 2001년 8월에 하이마스터 직급을 달성했고, 21년이 지난 지금까지 하이마스터 이상의 직급을 유지하면서 매달 1,000만 원 이상을 소비연금으로 받고 있다.

- 연금수령 기간

- 연금액수 크기

두 가지 기준 모두에서 연금복권 1등 당첨의 행운을 넘어섰다.

20220620

매주 1만 원으로

며칠 전에 알게 된 연금복권에 대해 공사장과 이야기했다.

"저도 매주 1만 원씩 구입하고 있습니다. 복권당첨이 잘 되는 명당가게에 가서 한참 줄을 섰다가 삽니다."

1등에 당첨될 확률이 500만분의 1이고, 현재 부산시 인구가 333만 명, 울산시 인구가 111만 명, 포항시 인구가 50만 명이다. 한 명이 연금복권 한 장씩을 산다고 가정해보면 세 개 도시의 인구를 다 합쳐도 1등 당첨자가 안 나올 수도 있는 거다.

"그 희박한 확률에 매달 4만 원씩을 투자하는 대신 하이리빙의 품질 좋은 치약과 칫솔, 선크림을 매주 한 분께 선물해보세요."

공사장에게 권유했다. 2~3년 동안 매주 연금복권을 사온 것처럼 100~150명에게 매주 네트워크마케팅 관련 책을 한 권씩 선물한다면

- 소비자 스무 명과 사업자 다섯 명은 나온다
- 하이마스터가 된다
- 연금복권 1등 당첨금에 상당하는 금액을 하이리빙에서 소비연금으로 받는다

벼락 맞기보다 힘든 확률에 매주 성실히 도전하고 있는 수백만 명에게 명당 소비연금가게를 알려주고 싶다.

2   좋은 연결공유

20190420

아버지 7주기에 일어난 기적

아버지를 좋아하는 많은 사람들이 아버지를 중심으로 한자리에 모였다. 우리 곁을 떠나신 지 7년이 됐어도 아버지의 영향력은 변함이 없다.
아버지 제사와 하이리빙 오키나와 비전세미나 일정이 겹쳐서 예정보다 4일 앞당겨 추모모임을 가졌는데, 그로 인해 로또 1등 당첨만큼 희박한 확률의 일이 일어났다.

- 5년에 한 번 한국에 들어올까 말까 하는 두 사람이 같은 때 들어온다
- 아버지 7주기 추모식 기간에 귀국한다
- 추모식을 4일 앞당긴다

한 가지를 충족시키기에도 힘든 일을 세 가지가 동시에 들어맞았고, 덕택에 작은아버지를 뵈러 온 독일 프랑크푸르트 고모와 출장 온 미국 시애틀 막내시동생이 제사에 참석했다.
독일 고모와 막내시동생이 서로 아는 사이다. 내가 결혼 후에도 부모님과 함께 살았고, 부모님께서 할머니를 모시고 살았기 때문이다. 할머니를 뵈러 온 마흔셋의 고모와 나를 보러 온 스물둘의 막내시동생은 서울 중곡동 집에서 잠시 만났다. 아버지가 아니면 다시는 만날 일이 없는

두 사람이 25년 만에 이렇게 재회했다는 게 너무 신기하다.

"누나."
 막내시동생은 큰올케를 보고 반가워했다. 두 사람 역시 25년 전 중곡동 집에서 알게 된 사이다. 당시 큰올케는 신혼이고, 막내시동생은 대학생이어서 자연스럽게 누나라 부르게 됐다.

 열한 살 동갑인 막내동생의 딸 수아와 막내시동생의 딸 해나는 금세 친해졌다. 작은올케는 수아가 시애틀에 가서 영어를 배웠으면 했고, 막내동서는 해나가 서울 작은올케의 학교에 와서 한국어를 배웠으면 해서 상부상조하자고 했다.

 '어머니, 독일 막내고모, 잠실 이모, 막내이모, 외숙모, 광주 둘째고모부, 미국 막내시동생 네 식구, 우리 4남매 가족'
 모두가 행복해했다. 40년 만에 만난 사람들도, 26년 만에 만난 사람들도, 12년 만에 만난 사람들도 있었다. 아버지, 어머니께서 중심을 지켜주신 덕택에 다시 만나 추억을 공유할 수 있다.
 함께 나눌 이야기들이 많다. 나로서는 알 수 없는 그들만의 관계성이 교차했다. 서로 추억을 연결공유할 수 있도록 플랫폼만 제공해주면 된다. 내가 꿈꾸는 제2의 르네상스는 바로 이런 거다.

 총 스물두 명이 모이니 집 안이 북적북적했다. 정말 오랜만에 느껴보는 대가족의 분위기였다. 아버지도 함께 계셨으면 많이 기뻐하실 텐데, 그리웠다. 돌아가신 후에도 가족이 단합하게 해주시는 아버지, 평생을 헌신과 봉사의 정신으로 사신 부모님, 부모님께서 사신 삶이 내가 꿈꾸는 성공이다.

중곡동 외숙모와 독일 고모는 스마트폰에 저장해놓은 손자들 사진을 서로 보여주며 자랑하느라 바쁘셨다. 외숙모의 손녀손자는 호주 아이들이고, 고모의 손자손녀는 독일 아이들이다. 예쁘다.

몇 차례나 장을 봐오셔서 제사를 준비하신 정성. 어머니의 사랑이 우리를 하나되게 한다.

수아와 동헌이의 공연. 복장까지 갖춰 입은 조카들, 예쁘다. 아버지가 계셨으면 얼마나 좋아하실까?

고모가 아버지께 올리는 술잔에 막내동생의 아들인 동헌이가 술을 따라드렸는데, 두 사람이 함께 있는 그림이 신기했다. 지금까지 상상해보지 못 한 신선한 조합이었다.
'이런 게 네트워크의 힘이지.'
흐뭇하면서도 왠지 찡해서 눈물이 났다.

아버지 산소에 가니 벚꽃이 만발해 있다. 7년이 지나도 보고 싶은 마음은 그대로다. 아버지께서 이어주신 인연들에 감사드린다.

20200409

코로나와 가족관계증명서

올해도 예쁘게 벚꽃이 폈다. 날도 화창했지만 내 마음은 조급하기만 하다. 코로나와 전쟁을 치른 지 세 달째, 중국, 이탈리아, 스페인에 이어 지금은 미국이 최격전지다.

'매일 수천 명씩 죽는데 병실은커녕 마스크 한 장 구할 수 없다'

유튜브로 급박한 상황을 보면서 발만 동동 구를 뿐, 막내시동생 가족에게 해줄 수 있는 일이 없다.

"마스크 여덟 장까지 부칠 수 있어."

아들딸이 미국에 살고 있는 친구가 어제 해준 말이다. 아침 일찍, 마스크 보내는 방법을 문의하기 위해 우정사업본부의 오사무관에게 연락했더니

"오늘부터는 형제 사이에도 부칠 수 있어요."

감사한 정보를 알려줬다.

20년 전, 도미해 미국시민이 된 막내시동생에게 마스크를 부치려면 막내시동생과 남편이 서로 가족임을 증명하는 서류가 필요했다. 몇 번이나 출력을 시도했으나 집에서는 되지가 않았다. 얼른 동사무소에 가서 남편의 신분증을 제시하니 그제서야 돌아가신 아버님 성함으로 가족

관계증명서를 떼줬다. 1년 전, 해나네랑 함께 행복한 시간을 보냈던 때가 떠올랐다. 1년이 지난 지금은 해나네 집에 코로나 마스크를 보내기 위해 노력하고 있다.

"아동용 마스크와 성인용 마스크의 비율을 몇 대 몇으로 하면 좋을까?"

남편과 머리를 맞대고 한참 동안 고민한 끝에 성인용 마스크 여덟 장을 보내기로 했다. 아이들 마스크는 동서의 여동생이 우송하기로 했는데, 사돈어르신께 부탁드리면 총 서른두 장까지 부칠 수 있다. 다른 형제들과 나눠 우송하면 된다. 숨통이 조금 트였다. 가족도 많으면 많을수록 좋다.

한국에서 항공기가 뜨는 곳은 미국밖에 없다고 한다. 고맙다.

마스크만큼 중요한 것이 면역이기에 엔트리트리플엔, 비타민C1000, 비타민C&D, 참효소, 헬스B아연도 함께 보냈다.

엄청 바쁜데도 불구하고 오사무관은 아침 일찍 전화를 한 나에게 참으로 친절하고 자세히 답변해줬다. 코로나라는 비상상황에서 하이리빙 사업 덕을 톡톡히 보고 있다. 나를 도와주시는 분들이 많다. 좋은 분들과 연결공유할 수 있음이 감사하다.

귀한 마스크가 다른 곳으로 잘못 가면 안 되니 남편과 함께 막내시동생의 미국 집 주소를 몇 번이고 크로스체크했다. 마지막으로 한 번 더 확실히 하기 위해 막내시동생에게 연락했다. 카톡 덕택에 실시간으로 확인할 수 있다.

'하. 제가 가족명단에 있네요.'

막내시동생의 메시지가 짠하다. 이 한 문장에 인생이 담겨 있다. 같은 부모님 슬하에서 먹고 자며 함께 큰 형제자매, 세월은 흐르고, 서로가 가족임을 증명하는 것조차 힘든 관계가 된다.

평화로울 때에는 생각나지 않다가도 팬데믹이 전 세계를 덮치니 계속 신경 쓰이는 존재가 있다. 가족이다. 생명과 직결되는 마스크고, 나 역시 몇 장밖에 없지만 그럼에도 불구하고 나눠주고 싶은 건 소중한 존재이기 때문이다.

'어떻게 증명하시나 했어요. 사진 사이로 햇빛도 보여요. 따뜻해 보이네요. 부디 조심하시고 이 시기 절대 아프시면 안 돼요.'
정신없을 텐데 우리들 걱정까지 해주는 막내시동생이 고맙다. 1년 전에 막내시동생 가족과 일주일 동안 같이 지내면서 쓴 블로그 글을 막내시동생에게 보냈다.
'함께한 추억을 공유할 수 있는 존재'
이게 바로 가족이다.

매일 감사 일기를 쓰다 보니 감사한 일부터 찾게 되고, '고마움'이라는 프레임을 통해 세상을 바라보니 고마운 일부터 보인다.

- 절망 속에 숨어 있는 희망
- 위기 속에 숨어 있는 기회
- 일상 속에 숨어 있는 감사

보이지 않는 걸 보는 훈련을 하고 있다.

'가족과 뿌리, 정체성이 중요하다'는 걸 나이가 들수록 절감하고 있다. 힘들 때마다 나를 다시 일으켜 세워준 건 가족과 가문이다. 명문가를 만들고 싶기에 함부로 살 수 없다.

막내시동생은 해나가 바이올린을 켜고 있는 사진을 보내줬다. 1년 전보다 많이 자란 해나, 예쁘다. 바이올린 실력도 많이 늘었고. 덕택에 코로나로 인해 우울했던 기분이 싹 사라졌다. 내년에 예쁘게 필 벚꽃은 가족들과 함께 볼 수 있으면 좋겠다. 좋은 사람들과 연결공유할 수 있음에 감사드린다.

20200811

혼돈과 질서

함께 모여 밥도 먹고, 차도 마시고, 토론도 하고, 좋은 기운도 나눌 수 있는 오프라인미팅은 좋다. 하지만 매일 부산이나 포항, 춘천, 안산에 갈 수는 없다. '시공간의 한계'가 있다. 나의 멤버십은 전국 방방곡곡에 펼쳐져 있으니 온라인미팅과 오프라인미팅을 적절히 섞은 '온오프라인미팅'을 항상 바라왔다.

- 때와 상황에 맞게
- 상대에 맞게
- 나의 컨디션에 맞게

온오프라인미팅을 하고 싶었지만 방법을 몰랐고, 무엇보다 상대방 역시 온라인미팅에 익숙하지 않았기에 단지 바람으로만 남아 있던 미팅이다.

폭우가 쏟아지고 있다. 48일째 계속되고 있는 장마에 이제는 태풍까지 더해졌다. 언제 끝날지 알 수 없는 코로나 시대, 국가도, 회사도, 개인도 답답하기만 하다.

일곱 달째 센터미팅과 세미나를 못 하고 있으니 살기 위해 어쩔 수 없이 온라인미팅으로 옮겨갔으며, 코로나 이전에는 들어보기만 했던 줌(Zoom)미팅과 밴드(BAND)미팅이 어느새 일상이 되었다. 늘 바라온 온오프라인미팅이 갑자기 현실이 되면서 코로나라는 절체절명의 위기가 최상의 사업기회로 이어지게 됐다.

- 온라인소비
- 온라인미팅
- 1인 기업
- 재택근무
- 사이버기업

지금 시대를 설명해주는 핵심키워드들이다. 이제는 1인 기업가가 온라인과 오프라인의 조화를 이루며 유연하게 사업을 전개해나갈 수 있는 이상적인 환경이 조성됐다.

한 치 앞도 보이지 않으니 막막하고, 한 번도 살아본 적 없는 팬데믹 세상이기에 두렵다. 감사하게도

- 함께해주는 팀이 있다
- 하이리빙 회사가 나를 도와준다
- 장마가 계속돼도, 태풍이 와도 누구나 사용해야만 하는 생필품이 주력아이템이다
- 시스템과 정보를 공유하며 1인 기업가들이 함께 사업을 펼치고 있다
- 줌과 밴드, 블로그와 카톡, 유튜브 등의 플랫폼을 통해 자유롭게 연결공유하고 있다

제품강의는 회사 강사가 밴드미팅으로 하고, 시스템과 비전강의, 라인별 미팅은 줌미팅으로 진행한다. 수강인원은 수십, 수백 명에서 일대일까지 자유롭게 할 수 있다.

'상처가 아물어가는 시간, 조용한 혼돈' [1]
딱 지금의 상황이다. 형태도, 소리도 없으니 볼 수도, 들을 수도 없는 조용한 혼돈이다.

'혼돈과 질서' [2]
'혼돈 속에서 새로운 질서를 찾아가는 것'의 연속이 바로 역사다.

코로나기간, 줌 문화가 생겼다. 처음에는 어색하기만 하던 온라인미팅이 지금은 편해졌다.

'이혜숙의 평생현역으로 사는 길, 연금이야기' [3]
10년 전부터 이런 세상이 언젠가는 오리라 예측하고, 대비했다. 연결 공유를 통해 혼돈 속에서 새로운 질서를 만들어 나가고 있음에 감사드린다.

---

1) 영화 '조용한 혼돈'(Caos Calmo, Quiet Chaos, 2008년, 이탈리아, 영국)의 포스터
2) 책 '혼돈과 질서_인문학의 눈으로 본 세상의 균형과 조화에 대한 이야기'(곽한영 씀)
3) 내 네이버 블로그 제목

20200909

도서출판 이음과나눔

어릴 적 읽은 '천일야화'가 생각난다.
'신밧드의 모험, 알라딘, 알리바바와 40인의 도적'
천하룻밤 동안 세헤라자데가 샤리아 왕에게 들려준 재미난 이야기들이 떠오른다.

'가족 이야기, 꿈 이야기, 학창 시절 이야기, 친구 이야기, 선생님들 이야기, 책 이야기, 방황과 실패 이야기, 사랑과 이별 이야기, 아이들 기르며 행복했던 이야기, 직장생활 이야기, 사업과 돈 이야기, 인간관계 이야기, 여행 이야기, 도전과 변화 이야기, 거절과 성취 이야기, 철학 이야기, 가치 이야기, 문화 이야기'
나의 스토리 중에도 재미난 것들이 많기에 매일 글로 썼다. 쓰지 않았다면 보석 같은 이야기들은 영원히 묻혀버렸을 거다.

세종대왕, 이순신 장군, 링컨 대통령 이야기는 알고 있다. 나의 부모님과 조부모님, 종조부님, 삼촌, 사촌, 6촌, 8촌의 이야기도 알고 싶다.
'가족의 문화, 가족의 역사, 가족의 생각, 가족의 철학, 가족의 환경, 가족의 뿌리, 가족의 혈통'

가족은 유전자뿐만 아니라 습관이나 정체성, 자존감, 꿈도 심어주기에 가족의 스토리를 아는 건 중요하다. 7대 종손며느리로 살면서 시부모님, 조부모님, 증조부모님, 고조부모님의 이야기를 여러 번 들었다. 훌륭한 조상님들이라고 했으나 기록이 없으니 자세히 알 수 있는 방법이 없다. 기록해놓지 않으면 한 세대만 지나도 잊혀져버린다.

세상에 훌륭한 작품들은 많으며, 그중 가장 의미 있는 작품은 나의 이야기다. 2009년 2월, 이베이가 옥션에 이어 G마켓까지 인수한다는 뉴스를 듣고 위기를 느껴 책을 쓰게 됐다.

'5년마다 한 권씩 책을 내야겠다.'

'1그램의 고통과 1톤의 행복'을 쓰고 나서 한 생각이다. 집필하는 1년 내내 힘들고 괴로웠지만 신기하게도 또 쓰고 싶었다.

'다른 사람들도 책을 낼 수 있도록 도와야겠다.'

2013년, '4,300원의 자신감'을 쓴 후에 한 생각이다.

'부모님 책, 남편 책, 아이들 책, 동생들 책, 고모 책, 파트너들 책, 친구들 책'

사랑하는 사람들이 자서전을 쓰게 해주고 싶어서 '도서출판 이음과나눔'을 출판등록 했다. 인생은 연결공유(이음과 나눔)이기 때문이다.

'책은 이미 성공한 사람이 쓰는 거다.'

집필하기 전에 한 생각이다.

'아하. 책을 쓰다 보면 성공하게 되는 거구나.'

책 두 권을 낸 뒤에 느낀 점이다. 아직까지 살아 있다는 것만으로도 거대한 성공이고, 내가 겪은 시행착오들 역시 자손들에게는 동기부여가 될 것이다. 무엇보다 책을 쓰면서 고난을 극복할 수 있는 힘을 키우게 된다는 게 가장 좋다. 따라서 자서전은 젊을 때 쓰면 더 좋은 작품이다. 기한을 정해놓고 주기적으로 쓰면 더 좋은 작품이고.

책을 쓰고 난 뒤, 삶을 열정적으로 살게 됐다. 5년 동안 책 한 권 분량의 이야기들을 만들어야 했기 때문이다. 갈등과 장애물은 이야기의 필수요소이기에 실패와 고통, 거절을 당연한 일로 받아들일 수 있게 됐고, 도전하는 게 즐거워졌다.

책을 쓰면 나와의 시간을 많이 갖게 된다.
'어떤 과정들을 거쳐 지금 내모습이 된 걸까?'
'참나(眞我)가 원하는 것은 무엇일까?'
과거와 현재를 찬찬히 들여다보면 미래까지도 보이고, 나의 캐릭터를 곰곰이 들여다보면 다른 사람들의 캐릭터까지도 보인다.

'연결공유(이음과 나눔)의 시대'
지금 우리가 살고 있는 시대다.
'무엇을 어떻게 잇고 나눌 것인가?'
구체적인 방법에 대해 고민하는 이야기들을 책에 담고 싶다. 연결공유를 통해 사랑하는 사람들이 함께 변화하고 성장해나가는 과정을 책으로 써주고 싶다.

20200924

열 명의 리더

가을이 성큼 다가왔다. 코로나 8개월째, 온라인사업자들은 힘이 나고, 오프라인자영업자들은 힘이 들며 희비가 엇갈린다.

코로나 3개월째부터 활용하기 시작한 줌(Zoom), 5개월이 되니 자유롭게 사용할 수 있게 되고, 코로나 6개월째부터 활용하기 시작한 밴드(BAND)도 조금씩 적응되고 있다.

우리 그룹은 일주일에 세 차례 함께 모여 공부하는 사이버학교를 운영하고 있다. 월요일 두 시간, 수요일 두 시간, 금요일 두 시간, 교육 시간은 총 여섯 시간이다.

- 시대의 흐름
- 경제, 경영 이야기
- 비전과 시스템
- 마인드공부와 리더십
- 건강관리와 뷰티
- 제품 이야기
- SNS활용법

교육과정은 이렇게 짧고, 강사들은 각 분야에서 10년 이상의 경력을 지닌 전문가들이다. 강사진을 비롯한 전체 커리큘럼은 각 그룹의 자치성을 보장하며 1인 기업가들이 함께 운영한다. 자본금과 경영철학을 지닌 하이리빙 회사도 협력해주고 있어 든든하다.

사이버학교에 다니기 위해 준비해야 하는 건 열정뿐이다. 학비도, 시험도 없고, 출결도 자유다. 자신에게 맞는 시간에, 각자가 필요한 공부를 하고, 본인의 실력만큼 얻어 가면 된다.

강사들은 자신이 직접 성과를 만든 사람들이기에 강의내용이 살아 있다. 지금까지 다녀본 학교 중 최고다.

1. 온라인에서 열 명의 독립된 사업자와 함께할 수 있다
2. 오프라인에서 1,000명의 종업원을 고용할 수 있다

둘 중에 하나만 고를 수 있다면 서슴없이 1번을 선택할 거다. 1,000명의 종업원을 고용한다고 상상해보니 인건비만 해도 엄청나다. 직원들이 모여 일할 수 있는 물리적인 공간도 필요하고, 사무실 청소와 냉난방도 해야 한다. 무엇보다 내 경험상 대부분의 종업원들은 주인의식이 없으며, 퇴근과 주말, 공휴일이 오기만을 기다린다.

열 명의 독립된 사업자들은 다르다. 자기 자신이 주인이므로 어떻게 하면 더 나아질 수 있을지 늘 고민하고, 연구하며, 협조한다. 함께 힘을 합치면 혼자일 때보다 더 큰 힘을 발휘한다는 걸 알고 있기 때문이다. 무엇보다 좋은 건 긍정적이라는 거다. "될 거예요.", "잘될 거예요."라고 말한 뒤, 실제로 그렇게 되도록 적극적으로 행동한다. 한 마디로 차원이 다르다.

하이리빙 사업을 시작한 지 20년이 됐다. 지금까지의 20년은 언택트(Untact) 상태에서 연결공유를 할 수 있는 열 명의 리더들을 육성해온

기간이다.

  수많은 사람들이 성공하고 싶다며 우리를 찾아왔다가 떠나갔다. 그들 덕택에 열정을 유지하고, 부(富)의 비밀인 시스템을 만들고, 사업을 배우고, 철이 들었다. 지금까지 함께했다면 얼마나 좋았을까? 옛날에도 줌미팅과 밴드미팅이 있었다면 얼마나 좋았을까? 그랬다면 부업자들과 지방사업자들도 사업을 펼치기 더 수월했을 텐데. 코로나로 인해 온라인시스템이 활성화되면서 사회 환경이 바뀌고 있으니 우리 사업은 점점 더 잘될 거다.

- 좋은 제품을 사고 싶어 하는 소비자들
- 좋은 제품을 팔고 싶어 하는 생산자들

  우리는 이 둘 사이를 연결해 왔다. 연결의 경험과 노하우를 함께 공유하며 회사와 제품, 시스템과 우리의 브랜드파워를 키워 왔다. 모두 오늘을 위한 준비과정이었다.

20201019

소유보다 연결공유

'메칼프의 법칙은 네트워크의 가치는 네트워크에 참가하는 구성원의 수에 비례하는 것이 아니라 '구성원 수의 제곱'에 비례한다는 것으로, 미국의 네트워크장비 업체 3COM의 설립자인 밥 메칼프가 내놓은 이론입니다.

즉, 네트워크에 일정 수 이상의 사용자가 모이면 그 가치가 폭발적으로 늘어난다는 의미로, 무한대로 파급되는 인터넷의 위력이 메칼프 법칙의 대표적인 예라 하겠습니다.

특히 최근에는 아이폰, 아이패드 등의 사용자가 늘면서 사용자가 많아질수록 IT기기의 가치도 커지고 있음을 설명할 때, 이 이론이 사용되고 있습니다.'[11]

'소유의 종말', 호기심에 샀던 책을 다시 꺼내보니 감회가 새롭다. 이 작품을 처음 읽었을 때, 마치 외국어 책을 보는 것만 같았다. 온통 공상과학 소설 같은 이야기를 깨알처럼 작은 글씨로 450쪽이나 적어놨기

---

11) 기사 '[IT용어] 메칼프의 법칙'(디지털타임스, 20110406)

때문이다. 미국의 경제학자이자 미래학자인 제레미 리프킨은 20여 년 전에 이 작품을 썼다.

미래는 소유의 시대가 아닌 접속의 시대가 될 것이다

일일이 암기해서 소유하던 지식들은 앞으로 무용지물이 될 것이다
- 프랑스 수도는 어디인지
- 프랑스혁명이 일어난 해는 몇 년도인지
- 임진왜란이 일어난 해는 몇 년도인지

이런 정보들은 접속해서 검색만 하면 알 수 있는 세상이 될 것이다.

집도, 자동차도 소유하는 것보다 공유하는 것이 편한 세상이 될 것이다
취득세, 양도세, 종부세, 재산세, 수리비를 내면서 사는 것보다 빌려 쓰는 것이 더 편해질 것이다.

마트의 개념도 바뀔 것이다
- 소유중심에서 → 공유중심으로
- 공급자중심에서 → 소비자중심으로

점포도, 종업원도, 제품도 필요 없어질 것이다
그저 공급자와 사용자 사이를 연결, 접속만 해주면 되는 세상이 될 것이다.

지금보다 훨씬 더 편리하고 합리적인 경제체제가 될 것이다

당시의 나로서는 이해할 수 없는 이상한 미래들이었지만 세계적인 학

자가 해준 이야기이기에 믿고 따라 했다.

1. 가상공간에 접속하는 방법
2. 다양한 사람들이 가상공간에서 서로 돕고 나누는 방법

변화할 세상에서 도태되고 싶지 않아 하이리빙시스템 안에서 이 두 가지를 공부하고 전달하는 데에 집중했다. 20년이 지났고, 공유기, 와이파이 하나면 시공을 초월하여 전 세계로 연결공유가 가능한 세상이 되었다.

"라면, 행주, 샤워젤, 스타킹 등의 생필품을 하이리빙마트에서 구입하면 가격은 더 저렴하면서 품질은 더 좋은 제품으로 살 수 있어요. 게다가 일반마트보다 훨씬 더 많은 캐시백까지 돌려받고요."

직접 마트를 소유하기보다 이렇게 소비정보를 연결공유하면 돈을 벌 수 있는 시대가 됐다. 네트워크가 돈이 되는 시대가 됐다.

자식을 둘 낳는 것과 셋 낳는 것은 다르고, 셋 낳는 것과 넷 낳는 것은 또 많이 다르다. 손녀, 손자, 증손자, 증손녀로 내려갈수록 활용할 수 있는 인재 풀(pool)은 기하급수적으로 늘어난다.

덧셈의 세계

0, 1, 2, 3, 4, 5, 6, 7, 8, 9, 10, 20, 30, 40, 50, 60, 70, 80, 90, 100, 200, 300, 400, 500, 600...

제곱의 세계

0, 1, 4, 9, 16, 25, 36, 49, 64, 81, 100, 400, 900, 1,600, 2,500, 3,600, 4,900, 6,400, 8,100, 10,000, 40,000, 90,000, 160,000, 250,000, 360,000...

네트워크의 핵심은 덧셈의 세계에서 제곱의 세계로 가는 거다. 우리들은 기본적으로 뎁스(depth)로 세상을 본다. 누구도 혼자 세상을 살 수는 없기에 사람은 반드시 다른 사람으로 연결되고, 이 뎁스에서 생각지도 못 한 인재들을 많이 발굴한다.

제곱의 삶을 사느냐, 덧셈의 삶을 사느냐, 네트워크의 핵심은 이 둘 사이의 차이에 있다.

- 가상공간에 접속하는 방법
- 다양한 사람들이 가상공간에서 서로 돕고 나누는 방법

우리 네트워크에 일정 수 이상의 사용자가 모일 때까지 이 두 가지를 계속 공부하고 전달할 것이다.

20201107

두 발로 걸을 수 있을 때까지

하이리빙이 아니면 이런 멋진 분들을 어디서 만날 수 있을까?
어제는 줌(Zoom) 하이마스터스쿨 3주차 강의를 진행했다. 8코아강의가 끝난 뒤, 하이마스터스쿨의 꽃인 스피치(speech) 시간을 가졌다.
'간절함, 꿈, 한(恨), 성장, 아픔'
스피치는 감정을 담아 마음을 표현해내는 최고의 예술행위다. 존경하는 김인순 사장님의 스피치를 줌을 통해 들으니 새로운 감동이다.

"부산에서 활동하는 김인순입니다. 저의 스폰서님은 자이언트 장혜영 사장님이시고, 업라인 스폰서님은 이혜숙&하태환 오너님이십니다. 아들처럼 키운 막내시동생을 통해 하이리빙 사업을 알게 되었고, 공부하는 문화가 좋아 하이리빙을 선택했습니다.
40년 동안 자영업을 하며 4남매를 키웠습니다. 남편은 딸들이 여상을 나와 빨리 취직하기를 바랐지만, 공부에 한이 있던 저는 직접 일을 해서 아이들을 전부 서울에 있는 대학에 보냈습니다. 딸들에게까지 한을 물려줄 수는 없었기 때문입니다.
아이들은 제가 기뻐하는 모습을 보고 싶어 열심히 공부했다고 합니다. 다들 자신의 꿈을 이뤄서 고맙습니다.

자식들을 잘 가르쳐야 한다는 일념으로 힘든 줄도 모른 채 뛰었고, 4남매 모두 결혼시키고 나니 예순다섯이 되었습니다. 미뤄온 공부를 시작하여 검정고시로 초등학교 과정부터 고등학교 과정까지 3년 만에 수료했습니다. 대학을 가고 싶어서 알아보던 중, 하이리빙 사업을 만나 평생대학을 다니고 있습니다.

하이리빙 덕택에 건강한 삶을 살고 있습니다. 카톡을 할 줄 아는 친구가 없어 외롭습니다. 매일 책 읽고, 강의 듣고, 미팅참석 하고, 블로그를 합니다. 제 꿈은 두 다리로 걸을 수 있는 한은 하이리빙 사업을 계속하는 것입니다."

여든에 줌미팅에 참석해 자신의 이야기를 하시는 모습을 뵈며 감동이 밀려온다. 두 발로 걸을 수 있을 때까지 할 수 있는 사업! 이런 생각을 가지고 계신 김인순 사장님! 하이리빙 덕택에 멋진 분들과 함께할 수 있음에 감사드린다.

20201216

튼튼한 집 여덟 채

"집 여덟 채를 갖고 있습니다."

말하면 많은 분들이 놀랄 것이다. 부러워하는 분도 있을 거고, 세금은 어떻게 내느냐 궁금해 하는 분도 있을 테지만 누구나 마음만 먹으면 당장이라도 만들 수 있는 집들이다.

- 비대면 시대
- 온라인 시대
- 재택근무 시대

우리가 살고 있는 시대들이다. 이제는 사이버세상이기에 나 역시 사이버공간에 집을 만들었다.

- 돈 없이도 구입할 수 있다
- 구입 후 취득세, 중개수수료, 재산세를 내지 않아도 된다
- 관리비, 수리비용, 인테리어비용도 들지 않는다
- 방을 열 개, 스무 개도 만들 수 있다

사이버집은 여러 모로 편하다.

'오프라인시스템에서 온라인시스템으로 세상이 이동하고 있다'
'소비연금 이야기' 책을 1년 동안 쓰고 난 뒤에 내린 결론이다. 농경시대에 태어나 제4차 산업혁명 시대를 살면서 느끼는 점이기도 하다. 따라서 평당 수천만 원을 호가하는 집을 직접 구입하는 것보다 공기 좋고, 전망 좋은 집을 빌려 살며, 사이버공간에 지은 집들에서 일하는 삶이 더 낫다.

- 언제든지 개설과 삭제를 할 수 있고
- 자본투자나 리스크가 없으면서
- 수익이 창출되는

집들을 갖는 게 핵심이다. 나는 사이버집 열 채를 소유하고 있다.

- 하이리빙(HILIVING)마트
- 다음(Daum) 이메일
- 네이버(NAVER) 블로그
- 카카오(KAKAO)스토리와 채널
- 카톡(KAKAO TALK)
- 줌(Zoom)
- 밴드(BAND)
- 유튜브(YouTube)

주로 거주하고 있는 집은 여덟 채다. 매일 수시로 드나들고 있고, 실질적인 수익을 주는 집들이다.

- 페이스북(Facebook)
- 인스타그램(Instagram)

가끔씩 들어가는 집은 두 채다. 친구들의 소식을 보며 좋아요 누르고, 내 이야기도 공유한다.

첫 번째 집은 하이리빙마트다. 일터이자 배움터, 꿈터, 놀이터, 삶터가 되어주는 공간이다. 매일 아침 하이리빙에 들어가 출석체크를 하면서 하루일과를 시작한 지 20년이 됐다.

20년 전에는 200여 가지 아이템이 있었는데, 지금은 수천 가지로 늘어났다. 회사에서 시스템을 계속 업데이트해주는 덕택에 편하게 갖은 혜택을 누리며 기거하고 있지만 집세 한 푼 내지 않는다. 오히려 감사하다면서 회사가 수시로 돈을 준다. 연간보너스, 아이들 등록금, 자동차유지비도 주고, 건강검진과 여행도 보내주는 신기한 집이다.

두 번째 집은 다음 이메일이다. 20년째 거주 중이며 연 회비 1만 9,900원을 내는 프리미엄 회원이다. 주고받은 메일이 약 7만 통인데, 검색기능이 있어서 언제든지 원하는 메일을 찾아 활용할 수 있다.

- 창고보관료
- 봉투값
- 우표값
- 편지지값
- 우체국에 매번 왔다 갔다 하는 시간값
- 답장이 오길 기다리는 2~3일 동안의 시간값
- 7만 통 중에 다시 보고 싶은 편지를 찾는 데에 들여야 하는 노력값과 시간값

편지를 오프라인으로 주고받는다면 치러야 할 이 모든 비용을, 다음 이메일이 획기적으로 줄여준다.

'높이 나는 갈매기는 멀리 본다.'
책 '갈매기의 꿈'(리처드 바크 씀)에 나오는 내용이다. seagul-lee@hanmail.net, 이 작품에서 영감을 받아 메일주소를 만들었다. 나도 조나단 리빙스턴 시걸처럼 높이 날아 멀리 보고 싶었다. 사업 초기, 타지에서 부업으로 사업을 진행했기에 시공간의 한계에 부딪쳤지만 다음 이메일 덕택에 한계를 뛰어넘을 수 있었다.

세 번째 집은 네이버 블로그다. 내 블로그 이름은 '이혜숙의 평생현역으로 사는 길, 소비연금 이야기'다. 6,000여 편의 스토리와 20여 칸의 방(카테고리)이 있는 곳이다. 2010년부터 거주하고 있다.
한 편의 글에 텍스트와 사진, 동영상을 다 함께 배치할 수 있어서 사업 자료를 정리하는 공간과 일기장으로 활용하고 있다. 실시간검색과 공유, 임시저장 등 편리한 기능들이 많고, 무제한으로 쓸 수 있으며, 거주비는 공짜다.

네 번째 집은 카카오채널이다. 2012년부터 5년 동안 매일 함께해준 친구다. 카카오스토리와 함께 1,000편의 이야기를 만들며 행복했다.

- 이혜숙의 꿈방
- 제2의 르네상스를 꿈꾸며
- 거절은 늘 아프다
- 뚜벅이의 만보걷기

꿈방에 들어가 꿈을 꿨고, 르네상스방에 들어가 인간을 생각했고, 거절방에 들어가서는 스스로를 달래며 치료했다. 나에게는 꿈이 곧 치료제다. 뚜벅이의 만보걷기방은 매일 1만 보를 걸으며 지낸 천 일을 기록해놓은 공간이다.

- 절대 두 걸음을 동시에 내디딜 수 없다
- 어떤 누구도 나 대신 걸어줄 수 없다

만 보 걷기를 하면서 알게 된 두 가지 사실이다. 한 걸음을 모으니 만 걸음이 되고, 한 달을 모으니 30만 걸음이 되고, 1년을 모으니 365만 걸음이 되고, 천 일을 모으니 1,000만 걸음이 됐다. 만 보를 걸으며 꾸준함의 가치에 대해 생각했다.
'많은 사람들이 함께 걷는다면 네트워크의 가치는 기하급수적으로 늘어날 거다.'
네트워크의 성장에 대해서도 생각했고.
'수다방, 성장방, 명상방, 훈련방'
카카오채널의 네 개 방은 각각 따로 존재하면서도 동시에 다 같이 통해 있는 공간이다. 무제한으로 사용할 수 있고, 거주비는 공짜다.

다섯 번째 집은 카톡방이다. 하루 24시간 중 가장 오랜 시간 동안 기거하고 있는 집이다. 네이버 블로그로 글을 써서 카톡으로 공유하기도 하고, 줌(Zoom)주소를 카톡에 올리면 순식간에 온라인교실이 된다. 수십 개의 카톡방을 갖고 있고, 방마다 거주하고 있는 식구들은 다 다르며, 필요하면 언제든 수시로 카톡방을 새로 만든다.

여섯 번째 집은 줌방이다. 줌에 거주하기 위해 연 200달러 지불하고 있는데, 그럼 300명 인원이 시간제한 없이 줌을 이용할 수 있다. 코로나가 터지고 얼마 지나지 않은 2020년 3월부터 기거하기 시작하여

'G3 수요미팅, 홈미팅, 독서미팅, 상담 및 후원, 교육 등'
다양한 용도의 공간들로 요긴하게 활용하고 있다. 팬데믹 시대에 구원투수가 되어준 집이며, 사람의 온기가 그리운 시대에 따뜻함을 전해주고 있는 집이기도 하다.

일곱 번째 집은 밴드하우스다. 코로나로 인해 단체로 모일 수 없는 상황에서 훌륭한 강의장과 자료공유의 장이 되어준 공간이다.
'이런 수준 높은 강의들을 오프라인에서 수강했다면 얼마를 내야 했을까?'
밴드강의를 들을 때마다 생각한다.
'수업료, 교통비, 강사비, 밥값, 시간값'
이렇게만 따져도 상당하다. 우리는 밴드에서 함께 배우고, 배워서 가르치고, 저장해서 다른 분들도 같이 들으니 가치는 엄청나다. 매주 열 시간씩 거주하고 있고, 거주비는 공짜다.

여덟 번째 집은 유튜브방이다. '이혜숙의 연금 이야기', 내 유튜브 채널명이다. 소비로 연금성 소득을 만드는 과정을 기록하는 곳이다. 2020년 2월부터 기거하기 시작했다.

- 네이버 블로그로 쓴 글을 소리 내서 읽는다
- 이 모습을 줌(Zoom)을 사용해 촬영한다
- 촬영한 영상을 유튜브에 올린다

한 편의 콘텐츠를 제작하기 위해 소유하고 있는 세 채의 집을 동시에 활용한다. 내 밴드강의 영상을 유튜브에 업로드하기도 한다.
튼튼한 집 여덟 채를 보유하고 있음에 감사드린다. 편리하고, 재미있게, 무엇보다 나에게 맞게 집들을 활용하고 있음에 감사드린다.

20201217

3년 육아휴직이 준 기회

글을 쓰다가 오늘이 교사 월급날이라는 걸 깨달았다. 1985년 9월부터 2003년 3월까지 18년 동안 매월 17일에 봉급을 받았다. 봉급에 얽힌 추억들이 떠오른다.

12월과 1월에 받는 월급은 최고로 좋았다. 방학이라 출근하지 않고 집에 있는데도 돈이 들어왔고, 1월에는 연차에 따라 월급이 4~5퍼센트 인상까지 됐다. 이렇게 재밌는 돈을 받다 보니 18년이 지나 있었다. 아직도 보건교사로 근무하고 있었다면 지금쯤 마지막 봉급을 받고 있었을 거다.

내일은 하이리빙 월급날이다. 2000년 8월부터 2020년 11월까지 20년 동안 매월 18일에 봉급을 받고 있다.

- 매달 17일에 받던 월급은 나오지 않고 있다
- 매달 18일에 받는 월급은 계속 나오고 있다

감회가 새롭다.

'젊어 고생은 사서라도 해야 한다'는 말은 진리다. 겪은 고생이 클수록 나이 들어 얻는 대가 역시 크다.

　젊은 시절, 미국에서 생활해본 건 행운이다. 서울올림픽이 열린 1988년, 당시 근무하던 학교 교직원들은 대부분 강남 혹은 분당에 살고 있었고, 그중 압구정동에 살고 있는 선생님들이 많았다. 우리 학교 직원 50명 중 자가용을 갖고 있는 사람은 아무도 없었다. 지금으로서는 잘 상상이 안 되는 얘기지만 그때는 그랬다. 버스노선 따라 근무지를 배정받았고, 우리 학교는 21번 버스의 종점인 둔촌동에 있었다.

　30년 전 이야기를 SNS로 쓰자니 격세지감을 느낀다. '이런 때가 있었나?' 싶을 정도로 세상은 많이 바뀌었다.

　한국에 돌아온 1991년, 우리 학교 직원 50명 중 서너 명의 선생님이 프레스토 혹은 포니 자가용을 타기 시작했다. 오늘 할 이야기는 그 시절에 겪은 이야기들이다.

　1987년 7월, 남편은 홀로 미국유학길에 올랐다. 남편을 따라 함께 가고 싶었지만 휴직이 어려워 갈 수가 없었다. 육아휴직을 받는다고 해도 쉴 수 있는 기간은 2개월이었고, 병(病)휴직을 받으면 되긴 했으나 진단서가 있어야 했다. 외국에 나가려면 결국 퇴직하는 수밖에 없었는데, 힘들게 얻은 직장을 그만두기에는 아까워 남편 혼자 갔다 오기로 했다.

　1987년 12월, 노태우 후보자가 대통령에 당선됐다. '산후휴직 3년 보장', 노태우 후보자가 내세운 선거공약들 중 이런 공약이 있었다.

　"안녕하세요. 3년 육아휴직 신청하고 싶어서 전화 드립니다."

　"무슨 말씀이신지."

　"노태우 대통령당선자께서 약속하신 공약이에요. 확인 부탁드립니다."

　1987년 12월 크리스마스 무렵, 서울시 교육청 담당자와 전화통화를 했다. 우리 부부에게는 육아휴직을 받는 게 매우 중요한 일이기에 대통령선거공약을 계속 주시하고 있어서 알고 있었다. 하지만 담당자는 개인적으로 육아휴직에 관심이 없었고, 아직 공약 시행 전이었기에 당연히 모를 수밖에 없었다.

 1988년 1월 1일부터 공약을 시행했으니 대한민국 3년 산후휴직 1호 혜택을 받아 미국에 가게 된 것이며, 미국 생활이 인생을 사는 데에 세 가지 큰 도움을 줬다.

 첫 번째는 돈의 중요성이다. 우리 부부는 한국에서 맞벌이를 했지만 미국에서는 둘 다 돈을 못 벌었다. 덕택에 500원, 1,000원의 귀중함을 절감했다.

 당시 국비유학생에게 지원해준 금액은 월 1,100달러였다. 그중 절반인 550달러를 집값으로 내고, 나머지 550달러로 우리 4인 가족이 살아야만 했기에 1달러를 쓰는 데에도 심사숙고했다.

 의료보험이 없으니 아프면 바로 한국에 돌아가야 했다. 그래서 아프지 않기 위해 항상 긴장한 채로 온도, 습도, 영양, 휴식시간을 철저히 지켜가면서 애들을 길렀다.

 75센트(630원, 당시 환율 840원), 코인세탁기를 한 번 돌리는 데 드는 돈이었다. 630원만 내면 간단히 끝날 세탁이지만 돈이 아까워 손빨래로 기저귀를 일일이 빨았다. 아이들은 어렸고, 나오는 족족 빨다 보면 하루 종일 스무 장씩 빨았다. 물이 뚝뚝 떨어지는 빨래를 뒷베란다에 널어놓으면, 멕시코인 매니저가 와서 미관상 안 좋다며 얼른 걷으라고 잔소리를 했다. 건조기를 쓸 돈이 없어 태평양햇볕에 빨래를 말렸다.

 Seaside, 우리가 살던 마을의 이름이다. 캘리포니아 몬트레이, 세계에서 가장 잘 사는 나라 미국에서도 가장 부자들이 사는 아름다운 도시에서 내 생애 가장 가난한 시절을 보냈다.

 아들이 식탁모서리에 눈가를 찢었다. 꿰매야 하는데 치료비가 무서워 병원에 못 가고, 집에서 소독하고 연고만 발라주며 얼마나 울었는지 모른다. 지금도 아들 눈가의 상처를 보면 그때의 감정이 생생하게 떠오른다.

두 번째는 시스템소득이다. 미국에서는 집주인을 오너(owner)라고 불렀다. 매달 550달러씩을 꼬박꼬박 집세로 내며 오너가 부러웠다.

"이거 하나면 OK."

어느 날, 오너는 망치 하나를 든 채 웃으며 말했는데, 그 여유로운 모습은 지금도 잊을 수가 없다.

당시 오너는 우리 집과 같은 임대주택을 스무 채 정도 소유하고 있었으니, 한 달에 집세로 버는 돈이 550달러 x 20채 = 1만 1,000달러, 한화로 환산하면 약 1,000만 원이었다.

- 1달러조차 아껴 써야 하는 나
- 매달 1만 1,000달러를 임대료로 받는 오너

내가 입버릇처럼 말하는 월 1,000만 원 경제적 자유의 기준은 바로 이 때 생긴 거다.

- 일하지 않아도 돈이 나오는 권리수입
- 일을 해야만 돈이 나오는 노동수입

"하이리빙은 권리수입을 얻는 시스템을 구축하는 사업입니다."

하이리빙 사업설명을 들으며 머릿속에 가장 먼저 떠오른 건 망치를 들고 여유롭게 웃는 오너의 얼굴이었다.

- 둘 다 돈을 못 벌고
- 돈을 빌릴 수도 없고
- 운전도 못 하고
- 영어도 못 하는 상태에서
- 의료보험 없이

- 아이 둘을 기르면서

우리 부부의 60대 이후를 생각했다.
'한국에서도 직장이 있으니까 돈을 빌려주는 거다. 직장이 없다면 대출을 해줄 리 없으니 은퇴 후에는 외국에서 살던 것처럼 살게 되겠다.'
타지에서 이방인으로 지내는 게 너무 힘들었기에 이 생각을 할 수 있었다. 스물아홉에 예순 이후의 삶을 미리 경험해보는 최고의 공부를 한 거다.

동네 모텔에 찾아가 청소하고 한 시간에 벌 수 있는 돈이 얼마인지 물어봤다. 아이들을 한 시간 맡기는 데 드는 돈보다 더 적었고, 외국인이므로 그보다 더 적은 돈을 받게 된다고 했다. 일을 할 이유가 없어져 다시 집으로 발길을 돌렸는데, 지금은 '그때 일을 해봤으면 어땠을까?' 하는 아쉬움이 든다. 돈 주고도 살 수 없는 경험이기 때문이다.

세 번째는 선진유통시스템이다. 한국에서 태어나 28년을 살았고, 그 중 22년 동안은 통행금지가 있는 상태에서 지냈다. 미국에 와서 24시간 편의점 세븐일레븐을 처음 봤는데 완전 별천지였다.

- 자정이 넘었는데도 사람들이 자유롭게 길거리를 돌아다닌다
- 자정이 넘었는데도 물건을 마음껏 살 수 있다
- 집집마다 자가용이 있다
- 자가용을 타고 대형마트로 장을 보러 다닌다

모든 게 다 신기했다. 그로부터 10년이 지난 2000년, 하이리빙 사업 강의를 듣게 됐다.
"이제 미국은 대형마트가 지고, 홈쇼핑이 뜨고 있어요."

"홈쇼핑보다 더 진보한 마케팅이 바로 네트워크마케팅입니다."
"네트워크마케팅은 노동수입이 아닌 권리수입을 만드는 사업입니다."

10년 전, 미국에서 선진유통시스템을 먼저 경험한 덕택에 내 귀에는 이 이야기들이 들렸다. 젊은 시절, 내 안에 심어놓았던 간절한 꿈이 때를 만나 싹튼 것이다.

우리가 하는 일은

- 물건을 파는 게 아니라 연결공유를 하는 거다
- 품질 좋은 제품과 소비자 사이를 연결하는 거다
- 소비정보를 연결공유하는 거다
- 과거와 현재, 미래를 연결공유하는 거다

1987년 12월 크리스마스 무렵, 서울시 교육청에 건 한 통의 전화가 20년 앞선 안목을 선물해주었다. 3년 육아휴직에게 감사드린다.

20210527

하이리빙과 배달의민족

배달의민족이 외국계기업에 비싼 가격에 팔렸다. G마켓이 미국계기업 이베이에 팔린 것처럼 기업의 가치가 크기에 외국계기업들이 인수한다. 그리고 하이리빙의 가치도 G마켓과 배달의민족의 가치만큼 크다.

맛있는 빵이 먹고 싶은 날도 있고, 보리밥, 팥 칼국수, 싱싱한 방어회가 생각나는 날도 있지만 생각만 할 뿐 직접 가서 먹는 일은 거의 없다.
배달의민족으로 인해 배달문화가 달라졌다. 배달료 3,000~4,000원을 지불하면 맛있는 빵, 보리밥, 팥 칼국수, 싱싱한 방어회도 집까지 갖다 준다.
배달의민족은 소비자와 점포를 연결해주는 서비스를 제공한 대가로 돈을 받는 배달 플랫폼 기업이다. 하이리빙은 소비자와 제조사를 연결해주는 서비스를 제공한 대가로 돈을 받는 유통생활 플랫폼 기업이다. 하이리빙과 G마켓, 배달의민족의 공통점은 연결공유를 통해 돈을 번다는 점이다.

하이리빙과 배달의민족, G마켓의 차이점은 진입장벽이 있는지 여부다. 배달의민족과 G마켓은 기업이 운영한다. 하이리빙은 소비자회원들이 운영하므로 자본이 없는 개인도 할 수 있다.

배달의민족은 연결공유를 통해 소비자가 집에서 다양하고 맛있는 음식을 누릴 수 있게 해주는 회원제사업이다. 하이리빙도 연결공유를 통해 소비자가 집에서 다양하고 품질 좋은 생활용품을 향유할 수 있게 해주는 회원제사업이다.

G마켓은 소비금액의 0.5퍼센트를 적립해줬는데, 많이 적립해주는 거라고 광고했다. 하이리빙은 소비자도 3퍼센트를 적립해주고, 더 나아가 구전광고를 하면 매출액의 35퍼센트까지도 돌려준다.

소비하고 광고해서 월 55만 원, 월 250만 원, 월 500만 원도 받았고, 지금은 월 1,000만 원 이상을 수령하고 있다. 나로 인해 일어나는 소비의 규모가 늘어날수록 받는 돈 역시 늘어나기에 생필품소비로 소비연금을 만들 수 있다. 하이리빙이 유통생활 플랫폼이어서 가능한 일이다.

하이리빙 회사가 좋은 업체를 엄선해 사이트에 올려줌으로써 소비자와 제조사를 연결해준다.

'물 한 잔의 소중함을 전합니다. 블루웰 알칼리이온수생성기'

- 좋은 물을 마시길 원하는 사람
- 좋은 물을 팔기를 원하는 사람

이 둘의 사이를 이어준다.
'타임리셋, 뷰티 브랜드(회원 직접 판매) 부문 "3년 연속 수상" 달성!'

- 좋은 화장품을 바르기를 원하는 사람
- 좋은 화장품을 제공하기를 원하는 사람

이 둘의 사이 역시 연결해준다. 플랫폼을 통해 돈을 벌 수 있다는 게 핵심이다. 하이리빙은 강력한 온라인마트 플랫폼이다. 자본이 없는 개인도 품질이 검증된 안전한 필환경 제품들을 통해, 소비를 넘어 사업까지 진행할 수 있다는 게 하이리빙 사업의 비전이다.

첫 번째 책 '1그램의 고통과 1톤의 행복'을 쓴 지 12년이 지났고, 나는 세 번째 책 '소비연금 이야기'를 쓰고 있다. 강산이 두 번 변하고 있는 동안 우리 역시 많이 변화하고 성장했다.
'소비연금 이야기'를 1년 넘게 쓰며 다다른 곳은 희망이다. 우리나라와 하이리빙, 파트너 사장님들과 소비자 분들께 감사드린다.

3   좋은 여행

20110524

최고의 여행

부모님을 모시고 공항으로 향하는 길이어서 기분이 좋았다. 아버지는 20여 년 전 하와이를 다녀오신 이후, 두 번째 해외여행을 가시는 거였다.

"난 됐다. 너희들 재미있게 놀다 오렴."

"여행하는 것보다 일하는 게 더 편하다."

해외여행을 함께 가시길 몇 번씩 권유 드려도 아버지의 대답은 늘 한결같았다. 집에 계시는 게 좋다며 여행길에 오르지 않으셨다. 여행경비도 아깝고, 연로하신 할머니를 모시고 가기도 어렵고, 그렇다고 할머니만 집에 두고 갈 수도 없기에 못 가셨다는 걸 알고 있다.

작년 3월 9일, 세부여행 중 할머니의 부음을 받고 바로 귀국한 지 1년 2개월이 흘렀다. 올해 아버지가 해외여행을 오실 수 있었던 이유다. 차에 모시고 떠나면 되는 간단한 일인데 실행하기까지 오랜 세월이 걸렸다.

프레스티지 회원임이 오늘처럼 감사한 적도 없다. 덕택에 티켓팅하고 짐 부치는 과정이 빨리 끝나서 부모님이 고생하시지 않아도 됐다. 면세점 구경 뒤, KAL 라운지로 부모님을 모셨고, 따뜻한 우동과 김밥, 커피와 과일을 대접하며 기분이 좋았다. 프레스티지석에 들어가는 줄은 한

산해서 탑승하는 데도 편했다.
  승무원들의 친절한 보살핌을 받는 게 행복했다. 아버지는 신문과 영화를 보느라 주무시질 않으셨고, 어머니도 행복해하셨다.

  VIP 회원의 짐만 따로 부치기에 도착해서 짐도 금방 찾을 수 있고, 입국수속도 기다릴 필요가 없다. 수속을 마치고 나오자 기다리고 있던 최고급 검정색 리무진이 우리 가족만 태우고 공항을 빠져나왔다.
  "이렇게 큰 차에 더 타셔도 될 거 같은데 우리만 타니?"
  "아버지, 걱정하지 마시고 이번엔 실컷 호강하세요."
  "그래. 고맙다. 네 덕택에 내가 호강을 하는구나."
  "아버지, 어머니 덕택에 제가 열심히 사업한 걸요."
  호텔에 도착하니 회사직원들과 호텔직원들이 도열한 채 박수를 쳐줬다. 꽃목걸이를 걸어주며 환영하니 아버지는 어색해하면서도 좋아하셨다. 시원한 차 한 잔을 마신 후, 부모님을 모시고 스위트룸으로 향했다. 아버지, 어머니와 함께한 여행이 최고의 여행입니다. 함께해주셔서 감사해요. 정말 행복합니다.

20200913

공짜여행으로 세계지도를

세상에서 제일 맛있는 김치를 김치냉장고에 넣으며 아버지를 향한 그리움이 밀려온다. 그리움은 함께한 여행의 추억들로 이어진다.

늘 바쁜 딸을 위해 김치를 담가, 손수 김치냉장고에까지 넣어주신 아버지. 아버지는 생애 두 번째 해외여행을 돌아가시기 1년 전에 푸켓에서 하셨다.

'하나님, 욕심 부리지 않겠습니다. 앞으로 딱 열 번만 더 아버지를 모시고 여행하게 해주세요.'

푸켓에서 돌아오는 비행기 안에서 기도드렸는데, 그 뒤로 중국 상해, 정주여행을 한 번 더 하고 떠나셨다.

연로하신 할머니 혼자 두고 갈 수 없어 공짜 가족여행도 못 오신 아버지. 젊은 시절엔 대가족을 건사하느라 여행은 생각조차 못 하신 아버지. 할머니가 돌아가신 다음 해, 여전히 여행을 안 가겠다고 하셨다. 안 다녀보셨기에 얼마나 좋은 건지를 모르고 계셨다.

"마음대로 하세요. 이번에도 안 가시면 저도 안 갈 거예요."

우긴 끝에 겨우 승낙을 얻어냈다. 아버지의 여권을 만들며 많이 죄송했다.

푸켓행 비행기에서 한숨도 안 주무시며 바깥구경을 하셨다. 하늘 위 구름 속 풍경을 신기해하며 아이처럼 즐거워하셨다. 영화도 보시고, 음식도, 커피도 맛있게 드셨다.
"우리 딸 여기까지 오는 동안 얼마나 고생했니. 정말 고맙다."
'진작에 억지로라도 모시고 올 걸.'
후회가 들었다.

일주일 내내 여행을 즐기셨다. 해양스포츠, 관광, 쇼 관람, 음식, 전신마사지, 무엇이든 좋아하셨다. 새벽마다 아버지, 어머니 두 분이서 손을 꼬옥 잡고 해변을 거니셨고, 바다를 보며 맛있게 식사하셨다. 그 모습을 보며 행복했다.
'가족건강과 행복', 페어웰파티, 소망을 적는 시간에 아버지께서 쓰신 소원이다.

"우리가 누린 혜택을 함께 고생한 회원 분들과 부모님들도 다 같이 누리면 좋겠구나."
"하이리빙은 참 좋은 회사구나."
한국으로 돌아오는 비행기에서 말씀해주셨다. 아버지께 드디어 인정받는 순간이었다. 오늘을 꿈꾸며 열심히 사업을 해왔기에 최고로 감격했다.

김치냉장고 앞에서 감동을 준 여행들을 떠올리다 보니 세계지도가 된다. 세계여행을 다니는 사람은 많지만 공짜로, 평생 동안 세계여행을 다니는 사람은 드물다. 여행을 다녀온 나라들을 쭉 이으면 세계지도가 될 만큼 여행을 많이 한 사람 역시 드물고. 어쩌다 보니 드물고, 드문 사람이 되었다. 늘 바쁜 딸을 위해 김치를 담가, 손수 김치냉장고에까지 넣어주신 부모님의 사랑 덕택이다.

무지개가 아름다운 이유는 여러 색들이 어우러져 조화를 이루기 때문이다. 빨주노초파남보 형형색색, 다양한 아름다움을 지닌 사람들이 팀을 이루고, 성과를 내는 과정 자체가 한 편의 여행이다.

'100세 시대에 100명의 친구들과 100번의 여행을 다니며 100편의 이야기를 만들다 보면 100억 원 부자가 되는 삶'

내가 꿈꾸는 균형 잡힌 삶이다.

"우리가 누린 혜택을 함께 고생한 회원 분들과 부모님들도 다 같이 누리면 좋겠구나."

"하이리빙은 참 좋은 회사구나."

아버지의 따뜻한 음성이 들린다. 혜택을 다 함께 누릴 수 있도록 노력해야지. 물심양면으로 후원해주신 부모님께 감사드린다.

20110813

용문석굴과 장야현담(長夜賢談)

　기회는 위기 속에 숨어 있으며 하나의 기회는 또 다른 기회들로 이어진다.
　불상 10만여 개가 아름다운 경관 속에 펼쳐져 있다. 3대 불교예술 보고(寶庫) 중 하나인 용문석굴은 북위 시대(386~536년)에 만들기 시작해 당대(唐代)에 완성한 작품이다. 1,600년 전, 전기는 물론 제대로 된 건축도구 하나 없던 시절이다.
　'열악한 환경에서도 바위에 이토록 아름다운 조각을 새긴 사람들은 어떤 이들일까? 얼마나 불심(佛心)이 강했던 걸까?'
　그분들의 열정과 끈기, 집중력에 고개가 절로 숙여졌다. 몇 년 전 로마에서 본 미켈란젤로의 '천지창조' 그림과 수백 년이라는 시간과 공을 들여 완성한 성당건물과 카타콤베가 생각났다.
　'셰익스피어, 모차르트, 레오나르도 다빈치', 르네상스 시대에 유럽문화가 꽃 피웠듯이 용문석굴도 당나라, 특히 당 현종 시대에 만든 작품이다. 당 현종 시대에 150개 나라 유학생들이 함께 모여 수학(修學)했다는 설명을 들으면서, 동서고금을 막론하고 부흥기의 기본요건은 역시나 교육임을 느꼈다.

- 중국과 유럽
- 당나라 시대와 르네상스 시대

'정치, 경제의 발달과 맞물려 예술, 문화, 종교도 함께 발전한다'
천 년이라는 시공을 넘나들며 이 역사적 진리를 다시 한 번 실감했다.

'채 백 년도 못 사는 짧은 인생을 위대하게 살다 간 사람들이 있다. 이런 사람들을 공부하는 게 참공부이며, 참공부는 오직 여행을 통해서만 느낄 수 있는 거구나.'
라는 생각이 들었다.

용문석굴에 심취해 과거 사람들이 꾸었던 꿈을 이야기하고 있는데
"심각한 일이 생겼습니다. 사장님 머리 좀 빌릴 수 있을까요?"
이젠투어 양부장이 우리를 찾아왔다.
"갑자기 태풍경보가 내려 상하이행 비행기가 취소되었습니다. 정주에서 하루를 묵는 방안과 열서너 시간 버스를 타고 밤새 상하이까지 이동하는 방안, 둘 중에 어떤 플랜이 더 좋을까요?"
"다른 방법은 없는 거죠?"
"고속열차를 이용하면 일곱 시간이 소요되는데 주말이라 이미 만석입니다."

- 월요일에 출근해야 하는 고객 분들을 차질 없이 귀국시킨다
- 안전을 최우선으로 해야 한다
- 이번 여행이 다음으로 또 이어져야 한다

세 가지를 충족하는 것에 포커스를 맞추기로 정했지만 보통 난감한 게 아니었다. 일곱 살 아동에서부터 70대 어르신 서너 분까지 고객 분

들의 연령대가 다양했다.
 '급할수록 천천히 가자. 나부터 중심을 잡고 하나씩 풀어가는 수밖에 없다.'
 마음을 다잡았다.
 "버스로라도 일단 갑시다. 최고로 편안한 버스와 기사님 두 분을 섭외하는 게 가장 중요해요. 시간을 아껴야 하니 가능한 빨리 움직이죠. 저녁식사는 도시락으로 합시다. 과일과 음료수부터 주문해주시고요. 잘 될 것이니 걱정 말고 진행하세요."

 "소림사 일정을 취소하면 세 시간 동안 휴식할 수 있습니다."
 일행에게 현재 상황을 보고하고, 소림사 일정을 취소할지 여부에 대해 물어봤다.
 "안 쉬어도 좋습니다."
 "여기까지 왔으니 관람해요."
 역시 하이리빙의 정신세계는 멋지다.

 소림사 공연은 무술시범을 먼저 보여준 뒤, 관객 중 몇 명을 불러내 따라 하게 했다. 출중한 미모의 사회자가 관객을 선정하는 과정부터 집중하게 만들었고, 키가 2미터 가까이 되는 영어권 외국인, 젊은 여성, 평범한 중국 남성 세 명이 뽑혀 나갔다.
 '역시 따라 하기보다 더 좋은 교육방법은 없구나.'
 무술이나 태권도를 배우고 싶어졌다.
 '얼마나 많은 연습을 했길래 바늘로 유리를 깨뜨릴 수 있게 됐을까?'
 인식의 한계를 뛰어넘는 소림사의 퍼포먼스를 보며 인간 안에 내재해 있는 힘을 느꼈다.
 '나에게도 저런 역량이 있는 거야. 단지 아직까지 사용하지 않았을 뿐, 엄청난 힘이 있으니 나도 할 수 있어.'

자꾸만 게을러지는 자신에게 주문을 걸었다.

- 2층 버스 한 대에 다 같이 탄다
- 버스 두 대에 나눠 탄다

여행사는 두 가지 방안을 제시했다.
"힘들어도 한 대로 함께 가요."
감사했다. 소림사에서 정주까지 이동하는 한 시간 반 동안이 마치 전쟁터로 가는 듯 다들 의미심장한 분위기였다. 예기치 못 한 돌발상황에 머리가 터질 지경이었다.

- 두 시간은 먹고 놀다 보면 지나갈 거고
- 두세 시간 정도는 노래 부르고, 사업 이야기 하면 되고
- 그러면 여섯 시간만 남게 된다
- 서너 시간 자고 나면 동이 틀 거고
- 동이 트면 두 시간 정도야 참을 만하겠다

'시간 쪼개기 법'을 활용하니 문제를 다 해결한 듯 했다.
'안 그래도 사업설명을 하고 싶었는데, 이건 천재일우의 기회다.'
다시 한 번 마음을 다잡았다. 사업자들에게 행사의 취지를 설명하고, 여성건강, 피부관리법, 온열요법과 통신사업에 대해 10분 내외의 강의를 요청했다. 민사장에게 사회를 부탁하니 흔쾌히 수락했다. 상하이발 인천행 아침 9시 비행기 탑승을 목표로, 45명이 2층 버스에 다 같이 탄 채 오후 6시 10분에 출발했다.

고속도로 휴게소에 삼삼오오 앉아 김밥과 김치, 하이리빙 컵라면을 먹었다.

"세상에서 제일 맛있는 라면이다."
모두들 웃으며 기념사진을 찍었다. 죄송하고 고마웠다.

20시, 이제 열 시간만 더 가면 된다. 휴게소에서 가이드에게 마이크를 준비해달라고 미리 주문해뒀다. 식사를 마친 뒤, 다들 착석했고, 취침자세를 취함과 동시에 한국영화 비디오를 틀어줬다.

"아라비안나이트의 천일야화처럼 우리도 장야현담의 시간을 가져봅시다."
오프닝멘트가 흘러 나왔다.
"위기를 기회로, 이런 멋진 추억거리를 갖게 되었음에 감사드리며 귀한 시간을 함께해 봅시다."
여기저기서 박수가 터져 나왔다. 민사장은 한 분, 한 분께 적절한 칭찬을 해주며 편안하고 재치 있게 사회를 참 잘 봤다. 타인에 대한 애정과 달란트, 실력을 겸비해야만 가능한 일이다.

"낙양에서 출발했으니 이 노래가 딱이겠네요."
심사장은 어깨춤을 추며 노래를 시작했다.
"낙양성 십리 허에."
같이 '성주풀이'를 부르며 모두 하나가 됐다. 앵콜송으로 불러준 '양산가'도 수준급이었다.

권사장의 여성호르몬과 에스론플래티넘 강의
물 흐르듯 자연스러워 다들 흥미진진하게 들었다. '골다공증, 갱년기, 치매, 질 건조증, 우울증 등'이 전부 여성호르몬의 영향 때문에 일어난다는 걸 알려줬다. '건강의 중요성, 제품의 우수성, 사업의 비전', 짧은 시간 동안 세 가지를 다 잘 보여줬다. '날씬한 몸매, 지속적인 성장, 꿈을 이뤄가는 모습, 이야기하는 실력'을 다 갖춘 권사장, 역시 만능엔터

테이너다.

"선교사업과 장학사업을 하고 싶어서 하이리빙 사업을 하고 있습니다."
김사장이 사업을 하는 이유다.

칠흑 같이 깜깜한 중국의 고속도로는 가도 가도 끝이 보이지 않았다. 그때, 김사장은 어니언스의 '편지'를 불러줬다. 옛 추억과 함께 나를 보게 해주는 명곡이다. 같은 시대에 태어나 같은 노래를 부르며 자라온 우리들이기에 추억을 합창하며 가는 행복 역시 공유할 수 있다. 눈물겹도록 모든 분들이 감사했다.

장로님

"일흔에 첫 해외여행을 왔습니다."

자청해 노래를 하셨는데 완전 '나가수' 실력이었다. 열정, 능력, 꿈, 끼, 뭔가 뜨거운 것이 가슴에 한가득 있는데, 그것들을 한 번도 발산해 보지 못 한 상태로 나이 들어가는 한(恨)이 느껴져 감동이었다.

앵콜송 역시 기가 막힌 수준이다. 고마우신지 하이리빙을 평생 섬기겠다고 하셨다. 섬기는 삶이 체화된 듯 하다. 평생 가족으로 살고 싶었다.

원불교 교무님

천주교의 수녀님과 같은 위치라고 했다. 예순셋, 열린 사고, 유연성과 포용력을 지닌 중심 있는 리더였다. 맑은 영혼을 가져 목소리도 맑은 것일까? 평생 동안 파마는 물론 립스틱 한 번 바르지 않았다고 했다. 원불교와 자신에 대한 프로모션 후, '짱구학교' 노래를 합창지도 해줬는데, 5분여 만에 알토와 소프라노로 파트를 나누어 합창이 가능해질 정도가 되었다. 박칼린 씨 생각이 났다.

장로님 두 분을 포함한 기독교인들, 원불교 교무님과 교도부장님, 천

주교 신자들이 함께 조화를 이뤄 노래하는 풍경은 장관이었다. 네트워크사업은 정말 멋지다.

가이드
조선족 3세, 서른하나.
"훤칠한 키, 잘생긴 얼굴, 뜨거운 열정, 열악한 환경, 성공요소들을 모두 갖추고 계시니 공부가 중요합니다. 부자들에게 배우세요."
말하니
"부자들이 가르쳐줄까요?"
되묻는다. 네트워크에 관심을 가졌다. 한국에 있으면 좋을 텐데. 경상도 어머니 노래가사가 절절했다. 잘되었으면 좋겠다.

강사장의 강의
자외선차단제의 필요성, 각질제거제의 필요성, 비타민을 복용해야 하는 이유, 피부구조, 피부각하주기, 노화의 원인을 알려준 유익한 강의였다. 밤이 깊었기 때문일까, 아름다움에 대한 관심은 본능인 까닭일까, 사람들의 눈이 더욱 빛난다.
강사장의 얼굴 자체가 화장품모델이니 여러 모로 훌륭한 프로사업자다. '옛 시인의 노래'를 불러줬는데 감미로웠다. 이역만리에서 같이 부르니 가슴 저리게 청춘의 순간들이 그리웠다. 20~30년 후, 장야현담의 시간과 열정적으로 산 사람들을 눈물이 나도록 또 그리워하겠지.

박사장의 통신강의
명강사와 이 밤에 함께함이 얼마나 큰 행운인지 몇 분이나 알고 계실까?
'3G, 4G, 아이폰, 생활이 사업이다, 멤버십이 돈이다'
고객 분들의 얼굴을 살폈다.
'도대체 무슨 말이야?'

대부분 달나라 이야기를 듣는 것 같은 표정을 하고 계셨다. 눈치 빠른 강사는 바로 온열요법으로 넘어가 체온의 중요성에 대해 열강했다. 고객 분들은 통신이나 돈보다는 건강에 더 관심이 많았다. 온유림 강의는 물건 파는 것으로 들리는지 반응이 썰렁했지만 그래도 기억 속에 남아 있겠지?

'만남' 노래를 열창해줬다. 명강사에 명가수다.

양부장

이젠투어 자랑과 더불어 하이리빙 프로모션까지 해줬다. 프로의 자세와 책임감이 감사했다. '황진이' 노래 역시 수준급이었다.

장사장님

익산에서 의상실 경영을 하고 계셨다. 입담도 좋고, 미적 감각도 뛰어나고, 무대체질인 분이다.

"여러분들이 부러워요."

하셨다. 잘 후원해드리면 크게 성장할 수 있는 분인데, 거리가 좀 가까우면 좋으련만.

박사장

"외국생활을 오래 한 덕택에 권리소득을 이해할 수 있었습니다."

- 하이리빙은 권리소득을 얻는 평생사업이다
- 은행지점장은 노동소득을 얻는 고용직이다

이 둘의 차이점에 대해 설명해줬다.

"노후를 위해 파이프라인을 만들고 있습니다."

라고 비전제시도 해줬고. 시대의 흐름, 네트워크마케팅의 비전, 고령화 시대에 평생직업이 필요한 이유, 잘 나갈 때 미리 준비해놓아야 하는 이유도 들려줬다. 경제학 석, 박사 학위과정을 밟고 있기에 전문성이 느껴져 공감하는 분들이 많았다.

노사장

하이리빙을 통해 아름다워진 모습은 물론, 노래를 부르기 위해 노력하는 모습 또한 동기부여가 됐다. '참 아름다워라 주님의 세계는' 좋았습니다. 노래를 잘하고 싶다는 꿈 꼭 이루시길.

노사장은 중심을 가진 한결같은 사람이며 본바탕이 좋은 리더다.

- 사업의 테크닉
- 본질

이 두 가지가 함께 어우러질 때, 우리 사업은 크게 성장할 수 있다.

대전에서 오신 가수 사장님(강사장의 고객)

주무시다가 불려 나왔음에도 가수는 다르다. 사회자의 찬사에 고무되어 앵콜송까지 불러주셨다. 역시 적절한 칭찬보다 더 좋은 후원은 없다.

유사장님 부부

"간호장교로 재직한 31년 2개월 동안 외조해준 남편을 위해 해외여행을 왔습니다. 다시 한 번 감사드려요."

신혼여행 온 신혼부부처럼 매일 예쁜 커플룩을 입고 정답게 다니는 모습이 참 보기 좋았다.

"의료선교와 봉사의 삶을 살고 싶어서 하이리빙 사업을 하고 있습니다."

두 사람이 사업을 하는 이유다.

다른 분들께 먼저 다가가 침도 놓아드리고, 칭찬도 해드리고, 안마도 해드리며 짧은 시간 동안 남녀노소 모든 이를 본인들의 팬으로 만들었다.

하태환 사장(남편)

고객들에게 비전과 확신을 드리기 위해 민사장이 적절하게 인터뷰를 해줬다. 하태환 사장도 센스 있게 차근차근 대답을 참 잘했다.
"퇴직 후 노후걱정이 없을 뿐 아니라 평생 일이 있고, 이렇게 함께할 수 있는 친구들이 있어 최고의 사업입니다."
결혼하게 된 사연부터 사업을 통해 바뀐 삶까지 들려줬다. 남편의 직접체험도 많은 분들께 비전이 될 것이다.
"하이리빙 산삼밭 체험 날, 도전하는 자세를 배웠습니다."
라고 한 뒤, 남편은 '목로주점'을 정성껏 불렀다. 변화하기 위해 최선을 다하는 모습이 감동이다.

이혜숙 사장(나)

'이런 절호의 기회가 오다니.'
40명이 한자리에 모여 OM(사업설명) 강의를 듣는다는 건 거의 불가능에 가까운 일인데, 지금은 화장실 갈 사람도 없고, 스마트폰 받으러 강의장 밖으로 나갈 염려도 없으니 아주 좋다.
"제가 직장인이었다면 부모님과 남편까지 수시로 해외여행을 함께할 수는 없었을 겁니다."
"여러분들이 계셔주시는 덕택에 제가 꿈같은 삶을 사는 게 가능합니다. 하지만 여러분은 본인 스스로를 위해 소비할 뿐, 그 누구도 저를 위해 제품을 구입하신 적은 없을 거고요. 이게 바로 시스템의 힘이죠."

- 슈퍼 바꿔 쓰기를 통해 자유인이 될 수 있는 사업기회

- 여행이 사업인 이유
- 시스템을 가져야 하는 이유
- 균형 잡힌 삶
- 보다 많은 분들께 도움을 드릴 수 있는 삶
- 100조(組)의 억대연봉자를 만들고 싶다는 꿈

에 대해 나의 사례를 들어 이야기했다.
"위기를 기회로 만들어내는 리더들과 시스템을 가진 제가 부러우시죠?"
"예."
리액션을 잘 해주신 멋진 분들, 감사하다. 최고의 청중들과 강사들이 어우러진 장야현담의 시간은 계속 깊어갔다. 중국의 심야버스에서도 사업설명과 제품강의를 할 수 있고, 사업비전과 사업진행 노하우를 공유하며 밤새 재미있게 보낼 수 있음이 우리의 비전이다.
'이런 우리가 힘을 합치면 이루지 못 할 게 뭐가 있을까?'
자부심을 느꼈다. 사회자를 비롯한 함께해주신 모든 분들을 생각하니 벌써부터 그리움으로 밀려온다. 우리의 실력을 이만큼까지 키워준 하이리빙 교육시스템에 감사드린다.
1,600년 전, 누군가가 새겨놓은 믿음의 흔적들은 아직도 그곳에 남아, 자신을 찾는 사람들에게 새로운 믿음과 영감을 심어주고 있다. 지금 우리가 새기고 있는 믿음의 흔적들 역시 그랬으면 좋겠다.

20160918

사랑하고, 고뇌하고, 배우고

황금연휴로 뜻깊게 보낼 수 있는 추석명절이 소중하다. 여태까지 명절은 스트레스고 부담이었는데 생각을 바꾸니 의미가 달라진다.
차례를 드린 뒤, 며칠 동안 반찬걱정을 안 해도 된다는 생각에 든든했다. 앞으로 나흘 동안은 스마트폰 하지 않고, 스케줄 잡지 않고, 이태리, 독일여행을 준비하며 오롯이 나에게만 집중하기로 한다.

수십 번의 해외여행을 하면서 '다시 오게 되면 머무르고 싶은 만큼 머무르고 싶다'고 생각한 곳이 몇 군데 있는데, 그중 한 곳이 유럽이다.
2003년 가을, 지중해여행의 여운은 지금 떠올려도 꿈을 꾼 듯 감미롭다. 모나코, 프랑스 니스와 칸(Cannes), 이태리 남부, 온 천지가 미술관 같던 너무나 아름답고 생생한 꿈이다.
2007년 가을, 이태리, 스위스여행 역시 12일 동안이 지상천국 같았다. 알프스산, 융프라우 등 영화 속 풍경처럼 아름다운 곳에서 영화 주인공처럼 지냈다.
이번 여행에는 이태리여행 후, 독일 프랑크푸르트 고모 댁에 들러 괴테하우스도 구경하고, 고모와의 시간도 가질 예정이다.

사업 초창기, 포토존에서 인증샷 찍으러 다니기 바쁘던 모습이 떠오른다. 지금은 인간과 세계를 볼 수 있을 정도로 시야가 넓어졌다. 여행 역시 아는 만큼 보이고, 보이는 만큼 느낄 수 있기에 추석연휴 기간 동안 괴테에 대해 공부했다. 유튜브에 들어가 괴테에 대한 강의를 들었다.[12]

"괴테가 오래 살았던 이유가 뭔지 아세요?"

강사가 질문했다.

"하고 싶은 일이 많았기 때문입니다."

'83년이라는 짧은 시간 동안 한 사람이 어떻게 이 위대한 일들을 다 해낼 수 있었을까?'

경이로울 만큼 괴테는 열심히 살다가 떠났다.

'사랑하고, 고뇌하고, 배우고'

강사가 요약해준 괴테의 삶이다.

60년 동안 쓰고, 세상을 떠나기 일주일 전까지 썼는데도 탈고하지 못한 작품 '파우스트'.

"너 평생 맹목적으로 살았으니 눈이 멀어라."

'부귀, 명예, 건강, 권세, 친구', 파우스트는 세상에서 가질 수 있는 모든 것들을 다 가졌지만 결국 열쇠구멍으로 들어온 근심 때문에 눈이 멀게 됐다. 덕택에 신안(神眼)이 뜨였고, 눈으로는 보지 못 하는 것들을 볼 수 있게 됐다.

"자유도, 생명도 오로지 날마다 그것을 정복해야 하는 사람만이 누릴 자격이 있다. 하여, 위험에 에워싸여 여기서 어린이, 장년과 노년이 그의 실한 세월을 보낸다. 그런 무리를 나는 보고 싶노라. 자유로운 터전

---

12) 유튜브_채널 '플라톤아카데미TV'_콘텐츠 '[지혜의 향연] 괴테의 '시와 진실', '파우스트' (전영애 교수)'

위에 자유로운 백성들과 서고 싶노라. 그 순간을 향하여 나 말해도 좋으리. 멈추어라. 너 참 아름답구나!" 13)

강사가 전해준 지혜의 마지막 결론이다.

'시간이 나의 소유. 나의 경작지는 시간.'
괴테가 남겨준 찬란하고 드넓은 유산이다.

괴테의 작품을 읽고 감동받은 당대의 음악가들은 괴테의 작품을 곡으로 쓰고 싶어 했는데, 그중에는 슈베르트, 모차르트, 베토벤도 있었다.

- 정신세계를 교류할 수 있는 친구들이 있다
- 그들이 같은 시대, 같은 공간에서 함께 살았다

두 가지 사실이 아름답고, 부러웠다. 계속 유튜브 강의를 들었다.

- 중세에서 근대로 넘어온 시기
- 산업혁명과 시민혁명이 일어나게 된 배경과 의의
- 이태리에서 시작한 르네상스 문화혁명의 의의
- 르네상스의 근본정신인 인문주의 휴머니즘의 의미
- 중세에 600년 이상 지속된 신(神)중심의 세계
- 인간의 창조성에서 비롯하는 모든 것을 존중한 휴머니즘
- 휴머니즘이 독일과 네덜란드, 영국, 프랑스로 퍼져 나가며 발전하게 된 과정
- 18세기의 몽테스키외, 루소, 괴테, 19세기의 니체, 톨스토이 등 많

---

13) 책 '파우스트'(괴테 씀)

은 철학자와 문학가에 의해 이어진 휴머니즘의 역사
- 덕택에 오늘날 국가와 종교, 인종을 초월하여 모든 사람을 인간 자체로 존중하는 태도로 거듭나게 된 휴머니즘

거대한 휴머니즘의 흐름 속에 놓여 있는 괴테를 볼 수 있게 됐다.

'인류 역사상 가장 많은 철학자와 문학가, 음악가들이 왜 하필 르네상스 이후의 유럽에서 탄생했을까?'
늘 궁금했다. 여기저기 흩어져 있던 지식의 조각들이 하나씩 맞춰져 가니 재밌다.

내 카카오스토리 채널의 이름은 '제2의 르네상스를 꿈꾸며'다. 정신 세계를 교류하는 친구들과 함께 우리의 르네상스를 만들고 싶어 붙인 이름이다. 우리가 함께한다면 충분히 만들 수 있다고, 이제 시작이라고 지금도 생각한다.

처음에는 그저 돈 벌고 싶어 시작한 하이리빙이, 가면 갈수록 인간과 세계를 보는 새로운 눈을 열어준다. 학창 시절에는 시험정답을 맞히기 위해 공부한 내용들이, 이제는 삶으로 직접 와 닿아 새로운 세계를 열어준다.

'시간이 나의 소유. 나의 경작지는 시간.'
찬란하고 드넓은 유산을 남겨준 괴테에게 감사드린다. 사랑하고, 고뇌하고, 배우자.

20170403

이역만리 고모 집에서 만난 우리 가족

독일 고모의 집을 구경했다. 방, 거실, 식당, 음악감상실, 복도, 집 안 전체가 가족의 이야기들로 가득했다.

- 시부모님의 사진
- 60년 전에 찍은 고모부의 어릴 적 사진
- 고모부가 그린 그림
- 고종사촌동생인 니콜라우스와 스텔라의 어릴 적 사진과 그림들

사진과 그림들을 쭉 둘러보니 '이 사람들이 집의 주인이구나.'라는 생각이 자연스럽게 들었고, 돌아가신 시부모님과 지금도 함께 살고 있는 듯한 느낌이 들었다. 가족의 스토리가 담겨 있는 물건들이 최고의 인테리어이자 미술품이라는 걸 알게 됐다.

1950년에 태어난 고모는 전쟁 통에 밥 먹기도 힘든 어린 시절을 보냈기에, 사진을 찍는다는 건 상상도 할 수 없는 일이었다. 다행히 두 장의 사진이 있었는데 한 장은 중학교 졸업사진이고, 한 장은 전남여고 삼총사 사진이다. 고모와 영완고모는 단발머리를, 명희고모는 땋은 머리

를 하고 찍은 전남여고 삼총사 모습이 눈에 선하지만 고모 집에는 없다. 미처 챙겨오지 못 한 걸까? 그렇다면 지금 이 사진들은 어디에 보관돼 있을까?

'사랑 듬뿍 받으며 산 어릴 적 나의 모습과 꿈 많던 모습들을 평소에 본다면 인생을 함부로 살 수 없을 거다.'
라는 생각이 들었다. 집에 가면 앨범 속 사진을 꺼내 집을 꾸미고 싶어졌다.

많은 사진들 중에 눈에 띄는 사진이 한 장 있다. '할머니, 아버지, 큰고모, 작은아버지, 작은고모, 막내고모, 어머니, 작은어머니', 반가운 얼굴들이 보였다. 할머니를 중심으로 다섯 명의 자녀들과 두 명의 며느리가 함께 찍은 우리 가족사진이었다. 사진 속의 할머니, 아버지, 고모들은 건강하고, 젊고, 예뻤다.
'이때로 딱 한 번만 돌아갔으면 좋겠다.'
그 시절이 그리워 눈물이 났다. 머나먼 이국땅에서 힘들고 외로울 때마다 이 사진을 보며 울기도 하고, 힘을 얻기도 했을 막내고모의 모습이 떠올랐다. 가족의 소중함이 사무치며 나의 뿌리를 느꼈다.

함께 대형마트에 쌍둥이 칼을 사러 나가는 길, 고모는 오래 돼 보이는 4층 빌라건물 앞에 차를 세웠다.
"세계대전 이후 1928년에 급히 지은 집인데 90년이 지난 지금도 튼튼해."
"이 집에서 남편이 자랐고, 시부모님이 평생 사셨고, 시외할머님이 시어머님의 간호를 받다가 돌아가셨어. 우리 가족에게는 굉장히 의미 있는 집이야."
시부모님이 고모부와 시동생에게 공동명의로 집을 남겨주셨는데, 시동생이 팔기를 원해서 고모가 집값의 절반을 지불한 뒤, 완전소유하게 됐다고 했다.

"가족의 추억이 깃들어 있는 집을 차마 팔 수 없었어."

수익보다 추억에 더 큰 가치를 두며 26년째 부동산중개업에 종사하고 있는 고모를 보면서 감탄했다. 내가 꿈꿔온 '인간중심의 삶'을 고모는 이미 살고 있었다.

한국의 의사집안을 상상해본다. 한국보다 소득수준이 훨씬 낮은 나라에서 돈을 벌기 위해 한국에 온 외국인 간호사가 의사 아들과 결혼을 하겠다며 찾아왔다.

'허락해줄 수 있을까?'

'만에 하나 결혼한다고 해도 며느리에게 잘해줄 수 있을까?'

고모의 시댁은 시아버님, 고모부, 시동생 모두 의사인 의사집안이다. 직접 만나보니 사회적 지위뿐 아니라 인품도 훌륭한 명문가였다. 가난한 나라에서 온 며느리를 홀대하지 않고, 따뜻하게 보살펴주신 사돈어르신들이 진심으로 고맙고 존경스럽다.

다시 고모 집으로 돌아와 컴퓨터모니터 앞에 앉았다. 고모부는 가족의 사진들을 더 보여주셨다. 인자해 보이시는 고모부의 아버님, 피아노를 잘 치셨고, 사진 찍기를 좋아하셨다고 했다. 남기신 필름이 만 장이 넘어 이 작품들을 보관하는 작업을 하고 계셨다.

세련되신 고모부의 어머님, 교사셨다. 외할아버님은 세무사, 이모님은 수녀님이셨고. 외가에 대한 이야기를 한참 해주셨는데, 스토리가 있는 가정이 부러웠다.

가족사진을 모니터에 띄워놓고, 한 분, 한 분에 대한 설명을 영어로 해주셨다.

어린 시절을 추억하며 말씀하시는 고모부의 모습. 어린 시절 이야기를 할 때는 아이의 모습이 된다.

"때앵 때앵 때앵~."
고모 집에 머문 3일 동안 밤 11시만 되면 울린 괘종시계의 은은한 종소리가 지금도 귀에 쟁쟁하다. 만든 지 백 년이 된 이 시계는 3~4대(代)에 걸쳐 가족과 함께해왔다고 했다. 밤마다 시계가 알려준 건 가족의 역사였다.

고모부의 취미는 자동차 수집이었다. 방 한 칸이 모형자동차들로 가득했고, 차고에는 오래된 실제 자동차도 몇 대 있다. 음악감상과 독서, 자동차 분야에서 전문가셨다.

3일 동안 고모 집에서 여섯 끼 식사를 했는데, 프랑스 산, 칠레 산, 룩셈부르크 산 등 매 식사마다 새로운 와인을 마셨다. 그 나라에 가서 직접 사 오신 귀한 와인들이었으며, 어떻게 해서 독일까지 오게 됐는지 포도주마다의 스토리를 자세히 들려주셨다.
식사하면서 두 시간 이야기를 하고, 식사 후에는 음악감상실에서 두 시간 동안 음악을 들었다. 최고귀빈 대접을 받았다. 이야기와 문화가 있는 삶이 멋있었다.

우리나라와 독일의 문화차이를 느끼면서 '며느리와 사위에 대한 관념을 바꿔야겠다.'고 생각했다.

- 기대를 많이 하기에 서운해 하고 갈등하는 우리나라문화
- 자녀들을 인정해주고, 믿고 맡기는 독일문화

독일문화가 더 쿨하게 느껴졌다.

예기치 못 한 곳에서 소중한 존재들을 만나는 게 여행의 묘미다. 이 역만리 고모 집에서 우리 가족을 만난 건 큰 감동이었다. 귀중한 추억을 선물해주신 고모와 고모부께 감사드린다.

20200113

섬과 섬을 이어주는 다리

나는 섬을 좋아한다. 배를 타고 외딴 곳으로 떠나는 게 좋다.
'아무도 초대하지 못 했으니 오지 말고 쉬어.'
영종도 친구와 일곱 번째 만남을 가지기로 한 날 아침, 친구는 문자를 보내왔다.
'너랑 나랑 놀면 돼. 좋은 데 걷고 맛있는 것 먹자.'
고 답장했다. 서울 동쪽 끝에서 출발해 서해바다 섬까지 도착하는 데에 두 시간이 걸린다. 2,000원 내고, 지하철 타고, 블로그 글 한 꼭지를 쓰고 나니 영종도에 도착한다. 초고속인터넷처럼 교통도 세계최고 수준이다.

친구는 영종역에서 승용차로 30분 거리에 있는 무의도로 나를 안내했다.
영종도와 대무의도를 잇는 다리, 다리가 생기기 전에는 배로 다녔다고 한다.
대무의도에서 소무의도까지는 걸어서 5분 거리다. 배를 타고 가기에는 가깝고, 수영해 가기에는 먼 거리를 다리가 해결해준다.

소무의도는 5,000~6,000걸음이면 한 바퀴를 돌 수 있는 아담한 섬이다.

"저기가 영종신도시고, 저기가 송도신도시야. 저기는 안산신도시, 저기는 대부도."

친구가 가리키는 바다 너머 멀리 도시들이 보였다. 소무의도에서 바라보니 도시가 섬이다. '생필품 쓰면서 평생일자리와 소비연금, 1인 기업을 만들 수 있다'는 혁명적 정보를 알고도 전달할 사람 한 명이 없는 거대한 섬들. 인구는 많지만 마음을 나눌 수 있는 친구 한 명이 없는 외로운 섬사람들. 섬과 섬은 다리로 연결하면 되지만 고독과 고독은 무엇으로 이으면 좋을까?

소무의도에서 바라본 안산신도시, 아름답다. 내가 지금 서 있는 이곳이 세상의 중심이다.

구름과 바다, 하늘, 바람도 예쁘고, 흙과 풀 한 포기, 여유로운 시간, 여기까지 데리고 와준 친구도 전부 다 감사했다.

정직과 성실로 올곧게 살아온 친구, 거짓 없고 꾸밈없는 내 친구, 무슨 말을 하든 통한다. 같이 사진을 찍기 위해 포즈를 취하는데 친구의 손이 따뜻했다. 이 손을 마지막으로 잡아본 게 언제인지 기억조차 나지 않았다.

바다를 보며 음미한 카페라떼와 호두과자, 일품이었다. 커피숍 주인이 고마웠다. 친구 덕택에 중학교 시절로 돌아가 지리 선생님 이야기를 했는데, 친구가 지리과목을 좋아했다는 것도 처음 알게 됐다.

100세 철학자 김형석 교수 이야기를 하며 "건강하니 자유롭게 살아보자."고 다짐했다.

생각 속 바다는 늘 먼 곳에 있었지만, 가까이에 드넓은 바다가 끝없이 펼쳐져 있다.

섬에 오니 시간의 흐름이 그대로 보인다. 파란 하늘이 금세 노랗게 물들어 두 시간 전과는 완전 다른 모습이 된다. 아침바다처럼 석양바다도 예쁘다. 인생도 그러면 좋으련만.
석양이 지는 바다를 보며 인생의 시계와 위치를 생각했다. 사업을 하는 이유를 떠올린다.

- 가고 싶은 데에 가고
- 머물고 싶은 곳에 머물고
- 먹고 싶은 것 먹고
- 만나고 싶은 사람 만나며
- 시간과 돈으로부터 자유로워지기 위해

시스템 구축에 전념했다.

해녀섬은 무인도다. 바로 옆에 붙어있는 영종도, 대부도, 무의도에는 사람들이 많지만, 해녀섬은 아무도 찾지 않는다. 인간도 섬이다. 너도 나도 섬이다.

- 전철
- 자동차
- 다리

이 인프라들 역시 훌륭한 연결공유다. 덕택에 배를 타지 않고도 섬에 갈 수 있는 좋은 시대가 됐다. 사람과 사람을 잇는 다리가 되고 싶다.

20200823

65번의 강제여행

컨트리걸(country girl), 평범한 직장인, 평범한 주부가 꿈같은 삶을 살았음에 감사드린다. 컨트리걸은 남편이 붙여준 별명이다. 하이리빙 덕택에 마흔둘부터 다니기 시작한 해외여행이 인생의 터닝포인트가 되어줬다.

마흔둘의 여름방학, 태국 후아힌 하얏트호텔 비치, 맑은 새벽 공기를 마시며 푸른 하늘을 보고 있었다. 바닷소리와 새소리가 들려왔고, 행복한 마음으로 주위를 둘러보니 직원 한 명이 수영장을 청소하고 있었다.

'이렇게 아름다운 곳에서 매일 일할 수 있는 사람은 얼마나 좋을까?'
생각하며 청년의 얼굴을 바라본 순간, 소스라치게 놀랐던 기억이 지금도 생생하다. 청년의 얼굴은 감정이 하나도 느껴지지 않는 무표정 자체의 내 얼굴이었다.

직원은 기계적으로 수영장의 머리카락을 건져내고 모래사장을 다듬었고, 바로 옆에는 골퍼들이 웃는 얼굴로 담소를 나누며 지나갔다. 그 장면을 보면서

'반드시 상위 1퍼센트의 부자가 되리라.'

결단했다. 한국에 돌아오자마자 퇴직을 준비했고, 6개월 뒤, 전업으로 하이리빙 사업을 시작했다.

2003년 5월, 직장인이 아닌 자유인의 신분으로 하와이여행을 갔다. 눈코 뜰 새 없이 바쁘게 사업을 했기에 몸살감기에 걸렸고, 여행 내내 태평양이 보이는 호텔방에서 쉬다 왔다.

"노동수입 대신 시스템소득을 만드세요."

그 와중에도 웨이트리스를 붙들고 서툰 영어로 사업설명을 했다. 이름도, 나이도 모르는 성실한 여성에게 자유의 길을 가르쳐주고 싶었다.

2003년 가을에는 지중해와 모나코여행을 갔다.

"해피버스데이 투 유."

모나코 백작가든에서 현지인싱어들이 남편의 생일파티를 해줬다. 바이올린을 켜며 노래를 불러준 지중해에서의 황홀한 밤이었다.

만년설이 보이는 알프스산에서 골프를 치고, 엘비스 프레슬리가 묵었던 아미티지호텔에서 3일을 묵었는데, 이곳은 내 생애 가장 긴 시간 동안 화장을 한 곳이기도 하다.

2004년에는 10일 동안 캐나다 가을여행을 떠나 록키산맥과 캘거리, 나이아가라폭포를 만났다.

지금까지 총 65번의 해외여행을 했고, 다녀온 곳마다 아름다운 추억들이 있으며, 이 추억들이 모여 지금의 내가 되었다.

한 번에 6일씩이라고만 쳐도 총 390일이니 60년 인생 중 1년이 넘는 기간을 여행을 하며 보낸 거다.

올해는 코로나로 인해 해외여행을 갈 수 없기에 처음으로 여행경비 420만 원을 돈으로 돌려받았다.

- 6일 여행 할래?
- 420만 원을 돈으로 받을래?

둘 중 하나만 선택할 수 있다면 돈을 선택할 거다. 하이리빙 회사는 사람들의 이런 심리를 잘 알고 있기에 절대 돈으로 돌려주지 않는다.

- 여행을 가든가
- 아무것도 못 받든가

둘 중 하나다. 따라서 돈이 아까워 갈 수밖에 없는 강제여행이다.
여행 떠나기 서너 시간 전이 돼서야 부랴부랴 짐을 쌀 정도로 늘 바쁜 내가 강제 여행이 아니었다면 해외여행을 할 수 있었을까?

- 여행에 500만 원을 쓸 수 있을 정도로 경제적 여유가 있는 사람이라면
- 돈을 버느라 여행을 갈 시간이 없다
- 경제적 여유와 시간을 드디어 다 갖추게 되었을 때는
- 여행을 할 수 있는 체력과 열정이 이미 사라져버린 뒤다

평생 가도 여행 한 번 하기 힘든 이유다.

- 휴식
- 일
- 여행
- 배움

지난 18년 동안 2월, 5월, 10월이면 연중행사로 무조건 여행을 떠난 덕택에, 네 가지가 균형을 이루는 삶을 살 수 있었다.

해외여행 열 번째까지는 음식들이 다 맛있고, 가는 곳마다 신기해 사

진 찍느라 정신이 없었다. 서른 번째가 넘어가니 문화와 역사, 사람들이 보이기 시작했고, 한 곳에 오래 머무르는 게 좋아졌다. 새로운 나와의 만남이 가능하기 때문이다.

여행을 통해 얻은 행복과 경험은 돈으로 환산할 수 없는 귀한 생의 기쁨이다. 한 번 여행을 할 때마다 500만 원씩 들었으니 총 3억 원이 넘는 돈이 들은 거다. 이 3억 원을 일시불로 받지 않았다는 게 핵심인데, 18년 동안 65번에 걸쳐 '분할수령' 한 덕택에 여행에서 배운 개념들을 삶에 차근차근 적용하며 성장할 수 있었다.

- 마흔다섯에 본 로마
- 쉰에 본 로마
- 쉰일곱에 본 로마

는 각각 다 다르다. 여행에도 복리의 원리가 적용되기에 다시 만날 때마다 로마는 더욱 새로워지고 깊어진다.

'괴테, 셰익스피어, 레오나르도 다빈치, 미켈란젤로, 갈릴레오 갈릴레이'

젊은 시절, 잠 못 이루며 읽던 책에 나오는 위인들을 여행을 통해 직접 만날 수 있어서 좋았다. 괴테하우스에 가면 나는 괴테가 되고, 로미오와 줄리엣 거리에 가면 셰익스피어가 됐다. 괴테가 걷던 거리를 걷고, 셰익스피어가 보던 풍경을 보며, 그들이 마시던 공기를 마시니 손만 뻗으면 그들에게 닿을 수 있을 것만 같았다. 책 속의 위인들이 내 주위의 살아 숨 쉬는 인물들로 변하면서 젊은 날의 열정이 생생히 되살아나는 황홀한 경험이었다.

20200902

돈으로 환산할 수 없는 것

　　돈은 소중하므로 돈을 벌기 위해 열심히 공부하고, 직장에 다니고, 사업도 하며 아껴 쓰고, 저축하고, 투자도 한다.
　　어느 날, '한 번뿐인 인생을 돈 버는 데에만 쓰기에는 너무 아깝다.'는 생각이 들어 시스템 만드는 데 우선순위를 두었고, 연금성 소득 1,000만 원에 꽂혀 지난 20년을 보냈다. 내가 원한 건 일회성 소득 1억 원, 10억 원, 30억 원이 아니라 연금성 소득 1,000만 원이었다. 연금성 소득 1,000만 원은 자유의 상징이다.

　　돈으로 환산할 수 없는 소중한 것들을 알기까지 오랜 시간이 걸렸다. 돈보다 시간이 훨씬 더 귀중하며, 한 번뿐인 인생을 돈 버는 데 다 써버리는 것처럼 슬픈 일도 없다.
　　온갖 고생해서 전문의가 되고 병원장이 됐는데 잠시도 병원을 떠날 수 없다면 어떨까? 의사 파트너와 유럽여행을 간 10여 년 전이 떠오른다. 그는 두 번째 해외여행을 온 거라고 했다.
　　"신혼 때 미국여행 다녀 온 후, 쉰이 될 때까지 한 번도 나오지 못 했어요."
　　어린아이처럼 좋아하며 매년 서너 차례 여행 다니는 나를 부러워하던 모습이 생생하다.

- 좋아하는 일을 할 수 있는 시간
- 자유롭게 사용할 수 있는 시간

이 시간들이 얼마나 되느냐가 행복의 척도다. 많은 돈을 갖고도 느긋하게 책 한 권 읽을 시간이나 여행을 즐길 시간, 가족과 함께할 여유가 없다면 무슨 의미가 있을까?

돈보다 친구다. 돈이 있어도 기쁨을 함께할 친구, 같이 밥 먹을 친구가 없다면 무슨 의미가 있을까? 동고동락할 수 있는 친구를 가진 것은 값을 정할 수 없는 귀한 일이다. 스스로 변화하려고 애써 기어코 해낸 사람들이 있다.

- 자신과의 약속을 지켜낸 사람들
- "나는 할 수 있다."를 외치며 한 뼘, 한 뼘 성장하는 사람들
- 마흔, 쉰이 넘어서도 성장하는 사람들
- 함께 칭찬, 격려하며 다이어트를 하고, 마침내 건강한 몸을 만들어낸 사람들
- 서로를 믿고 도우며 묵묵히 커나간 사람들

이런 분들을 지켜본 감동을 어떻게 돈으로 환산할 수 있을까?

- 카오락의 석양
- 오키나와 호텔 일식당 직원의 친절
- 홍콩밤바다에서 봤던 보름달과 바람
- 레오나르도 다빈치의 명화 앞에서 느꼈던 감동
- 모나코에서 했던 남편의 생일파티

- 하와이여행 때 룸메이드를 앉혀놓고 했던 사업설명
- 푸켓여행에서 두 손 꼬옥 잡고 걸으시던 부모님의 모습
- 정주에서 상하이까지 1,000km, 열세 시간 반 동안 이동하며 나눴던 장야현담(長夜賢談)의 추억
- '퐁당퐁당' 노래를 합창하면서 올려다봤던 알프스하늘
- '1그램의 고통과 1톤의 행복'의 출판기념사를 해주시던 아버지의 모습
- 오키나와에서 가족이벤트 글을 보며 느꼈던 감동
- 크루즈여행 하면서 보냈던 결혼 30주년 기념일
- 서호주 퍼스로 향하는 비행기의 퍼스트클래스 석. 옆자리에 앉은 홍콩 CEO 여성에게 느꼈던 기품과 여유로움
- 모두가 잠든 새벽, 냉커피를 마시며 혼자 글을 썼던 일
- 심야버스를 타고 부산에서 서울로 올라오는 동안 달님과 나눴던 대화
- 1분 스피치 하는 것도 힘들어 쩔쩔매던 파트너들이 자신의 이야기를 한 시간 이상씩 할 때 벅차올랐던 환희

물음표와 느낌표가 이어진 시간들, 물음표와 느낌표가 하나씩 늘어날 때마다 함께 성장해간 삶, 이 감동들을 어떻게 돈으로 계산할 수 있을까? 돈보다 돈으로 환산할 수 없는 것을 얼마나 많이 가졌는가가 훨씬 더 중요하다. 돈은 돈으로 환산할 수 없는 것들을 만들기 위한 도구이기에 소중하고 가치가 있다.

어린아이 같은 순수한 마음으로 스폰서의 손을 잡고 자라난 파트너들의 모습이 감동이다.

왜? 왜? 왜? 항상 물어야 한다.

- 왜 사는가?
- 왜 사업을 하는가?
- 왜 하이리빙이어야 하는가?
- 왜 성장해야 하는가?
- 왜 이 자리에 있는가?
- 왜 변화해야 하나?
- 왜 변화는 고통인가?
- 왜 윈윈(win-win)해야 하는가?

롯데마트, 이마트, 쿠팡에서 생필품을 소비했다면 돈으로 환산할 수 없는 것들을 만들지 못 했을 것이다. 아껴 쓰고, 또 아껴 쓰는 알뜰소비자로 지금도 남아 있었을 거고, 소비연금 1,000만 원은커녕 소비연금이란 단어 자체를 몰랐을 거다.

희망을 갖기까지, 사랑을 이해하기까지 쉽지 않음에도 결국 해냄이 감동이다.
세상은 계속 변화하는 진행형이고, 나도 변화진행형임이 감동이다.

허허로운 심정을 안은 채 언제 나올지 모르는 오아시스를 찾아 걸어가는 게 인생이다. 덥고 힘들다고 아예 출발조차 하지 않는 사람들도 많지만 우직히 나아가는 사람들도 많다.

맑은 날뿐만 아니라 먹구름 끼고, 천둥번개 치는 날도 있는 건 자연의 이치다. 인생 역시 자연이기에 '기다리다 보면 다시 해가 뜨고 꽃이 필 것'이라 믿으며 살아간다.

'Try again!(다시 도전하자!)'

힘들기에 매일 주저앉지만 조금 쉬다가 다시 일어나는 과정의 연속이 삶이다.

'What's your story?(너의 이야기는 뭐니?)'
날마다 나의 스토리를 쓸 수 있음이 감동이다.

"대단하다.", "멋지다.", "새롭다."
매일 감탄하며 사는 삶을 어찌 돈과 바꿀 수 있을까?

성장은 위에서 당겨주는 사람과 밑에서 응원해주는 사람이 없으면 하기 힘든 일이다. 시작할 수 있다고 격려해주고, 나아갈 수 있도록 도와줌이 감동이다. 쓸쓸한 세상, 서로 끌어주고 손 붙잡아주며 함께 여기까지 왔음이 감동이다.

20201003

라스베가스에서 만난 부부

'앞만 보고 힘차게 내달린 한 마리 경주마의 질주'
내 인생은 이 한 마디로 요약할 수 있다. 30년 전 라스베가스에서 만난 부부가 떠오르는 건 그때 그들의 나이가 되었기 때문일 거다.

- 동전세탁기를 한 번 돌리려면 75센트를 내야 했다
- 월풀세탁기 한 대의 가격은 350달러였다
- 우리의 여행경비는 평균 1,000달러였다

미국유학 시절, 세탁기 살 돈이 없고, 동전세탁기에 돈 쓰는 것도 아까워 주부습진 걸린 손으로 손빨래를 하면서도 여행을 하는 데에는 돈을 아끼지 않았다. 경비를 마련하려면 아껴 쓰는 것만으로는 부족했기에 빚을 내서 여행을 다녔다.
남편이 다닌 학교는 분기에 한 번씩 방학을 했는데, 방학시작 날이 여행을 떠나는 날이었다. 보통 보름 안팎의 일정이었으니 자동차에 밥솥과 쌀, 김치를 싣고, 아이스박스에는 밑반찬을 넣고, 아이들 기저귀와 옷가지들도 잔뜩 챙겼다. 가장 예쁘고, 감수성이 예민하며, 최고로 가난했던 시절, 우리는 그렇게 길을 나섰고, 그때 했던 여행들은 내 안에 '잘 살고 싶다'는 꿈을 심어주었다.

 1,000달러를 갖고 4인 가족이 보름 동안 여행을 하려면 세밀하게 계획을 짜야만 한다. 물론 막무가내로 한 게 아니라 여행을 다녀온 선배들이 준 정보들 덕택에 체계적으로 계획을 수립할 수 있었다.
 숙소는 주로 군(軍)숙소나 홀리데이인(Holiday Inn)을 이용했고, 식사는 거의 다 직접 조리했다. 매일 편의점에 들러 얼음과 야채, 빵을 사서 아이스박스를 채우고, 손수 햄버거를 만들어 먹었으며, 가지고 간 밥솥으로 야외에서 밥을 한 뒤, 고기를 구워 김치와 함께 먹었다. 누구나 취사를 할 수 있도록 그릴과 식탁, 의자를 구비해놓은 덕택에 가능한 일이었다. 감사하게도 30년 전의 미국은 그랬다.

 숟가락, 젓가락, 밥그릇, 국그릇, 1달러, 몇 센트까지 꼼꼼히 챙기며 여행을 다닌 젊은 날의 열정. 기저귀 차고, 젖병을 빠는 연년생 아이들을 데리고 매일 열두 시간 이상씩 운전한 젊은 날의 에너지. 가난하기에 남들보다 더 열심히 움직였고, 더 치열하게 고민했다. 돈 주고도 살 수 없는 경험들을 그 시절에 많이 했다.

 여행을 하며 많은 사람들을 만났다. 여행지에는 젊은 사람들보다 은퇴한 부부들이 많았는데, 그들은 집채만 한 이동식 호텔인 RV카를 몰고 다녔다. RV카 뒤에는 세컨드 카(second car, 두 번째 차)인 빨강 승용차가 매달려 있었는데, RV카로 갈 수 없는 곳에 다다르면 빨강 승용차로 바꿔 탄 뒤, 여행을 계속했다. 그렇게 그들은 머무르고 싶은 곳에 머무르고 싶은 만큼 머물렀다. 은발의 부부와 빨강 승용차가 참 잘 어울렸으며, 그 모습이 부럽고 좋았다.

 30년 전 RV카의 가격이 1억 원이었던 걸로 기억한다. 84만 원(당시 환율 840원)으로 여행을 해야 했던 우리로서는 가늠조차 할 수 없는 큰 돈이었다.

'언젠가는 저렇게 되고 싶다.'
라스베가스 카지노에서 코인을 수북이 쌓아놓고 오락을 즐기던 부부의 모습도 우리에게는 꿈이 되어주었다.

"은퇴 후에 미국전역을 돌며 골프여행을 하고 싶어."
당시 막 골프를 시작한 남편이 한 말이다. 지금까지 까맣게 잊고 있던 남편의 꿈이 생각났다.

젊은 날의 우리는 기회가 날 때마다 부지런히 여행을 떠났고, 그 시절에 다닌 여행들이 인생을 사는 데에 큰 밑천이 되어주었다.

20210203

시간의 향수(鄕愁)

#시간의향수

댓글을 보다가 보석 같은 단어를 발견했다. 마음에 있지만 표현하지 못 한 감정을 언어화해준 덕택에 며칠 동안 행복했다.

시간의 향수를 느끼는 삶을 살고 싶다. 태어나고 자란 공간적 고향을 그리워하듯, 선택하고 성장한 시간적 고향을 그리워하는 삶을 살고 싶다.

꿈에 미쳐 뛰다 보니 영화나 드라마에서만 보던 퍼스트클래스를 직접 타게 되었다. 신기하고 뿌듯했다.

말로만 들어보던 독일의 아우토반도 고모와 함께 달려 봤다.
'시속 200km까지 충분히 달릴 수 있는 자동차가 시속 30km로만 다닌다면 너무 아깝다.'
자동차에 감정이입을 한 채 뭉클하고 신나게 아우토반을 질주했다.

일본 삿포로에서 스키도 타봤다. 태어나 처음으로 스키화를 신어본 거였는데, 레슨을 받고 나니 자신감이 생겼고, 주위에 곤돌라가 보이길래 무작정 올라탔다. '곤돌라는 올라가는 것만 있고 내려오는 건 없다'는 사실을 정상에 도착하고 나서야 알게 돼서, 스키화도 제대로 신지 못한 상태로 중급코스를 내려와야 했던 난감한 추억이 있다.

2003년, 1년 반만 더 근무하면 평생 공무원연금을 받을 수 있었지만 공무원연금을 포기하고 하이리빙으로 전업했다. 하루하루가 아깝고 소중했기에 당시의 1년 반은 나에게 마치 150년처럼 느껴졌다. 그래서 전업 후, 150년을 1년 반 만에 살아내겠다는 각오로 열정적으로 뛰었다.

장 폴 사르트르는 '인생은 B와 D 사이의 C'라고 정의했다. B는 Birth(태어남), D는 Death(죽음)를 의미하고, C는 Chance(기회), Choice(선택), Challenge(도전), Change(변화)를 뜻한다. 기회가 오면 선택하고, 도전하고, 변화하면서 또 새로운 기회들을 맞이했다.
젊은 시절이 이토록 그리운 이유는 뭘까?

- 하고 싶은 일들을 해본 시절
- 누구의 눈치도 보지 않고, 이런저런 계산도 하지 않고 그냥 해본 때
- 내 자신이 옳다고 믿는 것들을 해본 시기
- 두렵지만 그럼에도 불구하고 거침없이 도전하며 앞으로 나아간 날들

시간의 향수는 젊은 날의 열정에 대한 그리움이다.
내가 한 C 덕택에 삿포로에서 스키도 타고, 아우토반도 달리고, 퍼스트클래스도 타봤으며 건강과 소비연금도 만들었다. 무엇보다 하면 된다는 자신감을 얻은 게 가장 소중하다.
오늘, 인생의 가장 젊은 날, 10년 후엔 오늘도 시간의 향수가 될 테니 지금을 소중히 해야지.

20211017

꿈찾사

2021년 10월 14일 두 시, 제주 드림타워 라운지, 호텔 전체를 꿈으로 꾸며놨다. 그림 한 점, 소품 하나, 인테리어, 모든 것이 꿈 이야기다.

초저녁에 곯아떨어진 덕택에 한 시가 되니 눈이 떠졌다. 하루 숙박비가 50만~70만 원, 요즘은 신혼여행 온 부부들이 많아 가격이 더 올랐다. 코로나로 인해 해외여행을 못 가기 때문이다.

어떻게 표현했을까 궁금해서 호텔 안을 혼자 구경했다. 꿈을 보는 데는 새벽시간이 좋다. 아무도 일어나 있지 않기에 드림타워 전부가 내 것이었다.

양 눈에 망원경을 대고 누군가의 가슴속을 신중히 들여다봐주고 있는 한 사람을 만났다. 공허하기만 하던 나의 마음속을 들여다봐준 고마운 분들이 떠올랐다. 지금부터 나의 꿈은 꿈찾사다. 나는 누구인가? Who am I? 나의 정체성! 꿈을 찾아주는 사람!

4 좋은 일

20200719

거북이가 토끼를 이긴 이유

예순에 소비연금 1,000만 원을 받고 있는 기적 같은 삶.
'지금의 나는 어떻게 만들어진 걸까?'
라는 질문을 좇아 1년 동안 매일 감사여행을 떠나고 있는데, 누에고치에서 명주실이 뽑아져 나오듯 감사 이야기들이 계속 나온다. 오늘은 250번의 세미나가 생각난다. 매달 세미나가 끝난 뒤, "이번 세미나가 최고였다."고 감탄했다.

'성공과 실패', 둘의 차이를 만드는 건 생각이고, '부자와 가난', 둘의 차이를 만드는 것 역시 생각이다. 좋은 생각과 앞선 생각, 다른 생각과 큰 생각들을 세미나에서 배웠다. 250명 세미나 강사들의 성공 스토리에는 공통점이 있다.

- 자신의 이야기다
- 어느 날 갑자기 얻어진 것이 아니다
- 고생고생해서 만들어진 것이다
- 그래서 감동이다

20년 동안 살아 있는 이야기를 250편이나 들었으니 학위를 몇 개 받은 것보다 더 낫다. 학위 하나를 따려면 최소 수천만 원의 비용을 지불해야 하지만 나는 돈을 벌면서 성공자들의 노하우를 배웠다.

비전 있는 사업인데도 불구하고 오해와 편견 때문에 숱한 거절을 당하고, 눈에 보이지 않는 사업이기에 공부를 하지 않으면 오래할 수가 없다. 그래서 매달 성공자들을 만나 나 역시 저들처럼 성공하는 모습을 구체적으로 시각화했다.

지난 세미나 글들을 찾아보니 기라성 같은 리더들이 많았다. 하이리빙을 그만두지 않았더라면 지금쯤 대단하게 성공했을 사람들이지만 그들은 여기에 없다. 위대한 리더는 끝까지 살아남은 사람이다.

야마시다 에리

"거북이가 토끼를 이긴 이유가 뭔지 아세요? 거북이는 토끼를 보지 않고 자신의 목표를 향해 묵묵히 걸었기 때문입니다."

2006년, 야마시다 에리 사장의 초, 중급강의가 가장 먼저 떠오른다. 언행일치한 에리 사장이 최고 강사다.

이금룡 옥션 사장

"앞으로 먹거리는 온라인에 있습니다."

15년 전, 세미나에서 들은 내용인데 코로나로 인해 더욱 그렇게 되었다.

서상록 삼미그룹 부회장, 쉘부르 웨이터

'내 인생 내가 살지', 삶에 많은 도움을 준 강의다.

"야~~ 양키들아 와라. 니들 안 오면 나 죽는다~."

미국의 죽은 전통시장에서 각설이타령을 부르며 시장을 살려낸 스토리를 들려줬다. 애간장이 끊어질 듯 노래하던 무대 위의 열정을 떠올리면 지금도 눈물이 난다.

"도대체 뭐가 추락이냐?"

'서상록, 대기업 부회장에서 웨이터로 추락하다' 기사를 보면서 흥분했다. 직업에 자부심을 가지고 있던 모습이 눈에 선하다. 세월이 흘러도 떠오르는 강의가 좋은 강의다.

이민화 카이스트 교수

'스마트코리아'. '디지털노마드', '제4차 산업혁명'을 외쳤다.

"지금 이대로면 대한민국은 죽습니다. 이대로 가면 더 이상 비전이 없어요."

끓어오르는 애국심으로 강의를 해줬다. 2011년 강의였으니 덕택에 방향성을 알고 꾸준히 준비할 수 있었다.

이영권 박사

"100세 시대, 유산 있습니까? 우산 말고 유산."

"죽었다 깨어나도 하이리빙 사업은 됩니다. 될 수밖에 없습니다. 시스템을 만드십시오."

참 하이리빙을 사랑하셨다.

공병호 박사, 책 '공병호의 자기경영노트' 저자

"앞으로는 1인 기업 시대입니다. 자기경영을 해야 합니다."

"시간경영, 돈경영, 인맥경영, 목표경영, 스스로를 경영해야 합니다."

강의가 너무 좋아 강의안까지 받았던 기억이 새롭다. 10년 전에 들은 강의가 코로나로 인해 현실이 되었다.

이숙영 아나운서

"새벽 생방송을 20년 넘게 단 하루도 빠지지 않고 하고 있습니다."

엄청난 성실성에 감탄하며 '그 성실함을 하이리빙에 투자해도 참 좋을 텐데.'라고 생각했다.

차동엽 신부님, 책 '무지개 원리' 저자
사랑에 대한 이야기와 하는 일마다 잘되는 원리를 알려주셨다.

서진규 강사, 책 '나는 희망의 증거가 되고 싶다(가발 공장에서 하버드까지)' 저자
태권도사범 남편에게 구타당하며 살다가 미군에 입대했다. 사병에서 시작해 하사, 장교로 진급했고, 하버드 박사가 된 과정을 차근차근 들려줬다.

세미나장에서 직접 강사와 눈을 맞추고 열정을 느끼며 들은 강의들이 나의 생각을 바꿔주었고, 눈물콧물 흘리면서 들은 성공 스토리들이 나의 인생을 바꿔주었다. 그때 느낀 감동이 지금도 생생하게 떠오른다.

김미경 강사
양장점을 운영하신 어머님과 논노 기성복 이야기를 통해 시대의 흐름과 변화를 말해줬다. 입담이 참 좋았다.

조태훈 강사
중화요리 배달라이더로서 쌓은 경력만으로 무대의 주인공이 됐다는 사실이 경이로웠다. 어떤 분야든 자신이 하기 나름이고, 이 분야에서 성공할 수 있는지 여부는 나의 실력과 그릇의 크기에 달려 있다는 걸 배웠다. 하이리빙 사업은 정말 너무 크다고 생각했다.

한동헌 마이크임팩트 대표
변화를 읽다. 참신 그리고 쇼킹이었다.

박용후 강사, 책 '관점을 디자인하라' 저자
네이버 회장 이야기를 해줬다. 관점의 중요성에 대해 역설했다.

조용모 강사, 책 '백만 번의 프로포즈' 저자
잘 나가던 사람이 교통사고로 다리를 잃은 뒤 절망했지만 갖은 시련들을 딛고 일어나 보험왕이 된 스토리가 감동이었다.

엄길청 교수
"100세 시대, 평생직업이 필요합니다. 네트워크마케팅은 평생직업이 될 것입니다."

정균승 교수, 책 '프로슈머마케팅(돈을 쓰면서 돈을 버는)' 저자
프로슈머(prosumer)의 개념을 명확히 해준 덕택에 인생의 방향성을 설정할 수 있었다.

김태수 박사
"낚시대 대신 그물을 짜십시오."

장문정 쇼호스트
멘트 한 마디, 한 마디가 쇼킹했고, 쇼킹은 감동과 동의어다.
하이리빙 사업은 홈쇼핑보다 상위개념의 유통산업이라고 생각했다.

매달 세미나에서 이런 수준 높은 강의들을 들어야만 했다. 세미나참석은 선택이 아닌 필수였다. 시스템으로 이미 정해놓은 일이며, 성공원칙이기에 우리는 함께 들었다.

'삶을 변화시켜주는 교육시스템'

우리 사업의 핵심개념이다. 개인의 역량에 의존하기보다 시스템을 통해 팀이 함께 변화할 때, 더 큰 성공이 가능하다. 진정한 성공인 윈윈(win-win)이 가능하다. 함께해주셔서 감사합니다.

'거북이와 토끼가 경주를 한다면 누가 이길까?'
말도 안 되는 이야기다. 뛰어다니는 사람과 기어 다니는 사람의 경주가 어찌 가능하겠는가. 하지만 인생은 단거리경기가 아니라 마라톤경기고, 42.195km를 뛰다가 그만두는 '중도포기자들'이 많기에 된다.
거북이와 토끼가 같은 출발선 앞에 서 있었는데, 거북이는 진지한 자세로 경주의 시작을 알리는 총성이 울리길 기다리고 있었다. 시작은 우스꽝스러웠다. 다들 비웃었고, 내가 성공하면 자기 손에 장을 지지겠다고 한 사람도 있었지만 거북이가 이겼다. 거북이가 토끼를 이길 수 있음이 우리 사업의 비전이다.

- 공부한다
- 경험한다
- 공유한다

우리의 성공시스템은 세 가지로 이루어진 선순환시스템이다.

'착각, 믿어버림, 자기중심, 오만, 게으름, 책임회피, 피해의식'
"하이리빙 사업은 이 요소들을 하나씩 극복하면서 어른이 되어가는 사업입니다."
"하이리빙은 어른들한테만 허락된 최고의 이너게임입니다."
야마시다 에리 사장은 말했다.

"삼성에서 이마트를 만들 때, 모두가 반대했습니다."

이금룡 사장이 강의하던 모습이 생생하다.

'용인 놀이공원', '민속촌'이던 명칭을 '에버랜드'로 바꾼 예를 들며, 용어에 따라 인식이 달라진다는 걸 알려줬다.

"친구들을 만나면 얘가 아버지 친구인지, 친구 아버지인지 분간이 안 됩니다."

서상록 부회장이 이 말을 할 때의 나이가 예순일곱이었으니 앞서나간 분이다.

"하루에 5만 보를 걸으려면 몇 시간이나 걸어야 될까요? 잠시도 한자리에 머물지 않고 열다섯 시간을 걸어야 합니다."

이효찬 강사의 강의를 끝으로 코로나로 인해 6개월째 세미나를 못 하고 있다.

"한국에 정통 소비자네트워크를 펼쳐주십시오."

정균승 교수는 '1그램의 고통과 1톤의 행복'의 추천사를 써주며 당부했다.

'소개에 의해 조성된 판매망의 권리수입을 성취하는 사업'[14]. 이영권 박사는 항상 시스템을 강조했고, 네트워크마케팅을 '미래를 준비하는 대안'이라고 했다.

책 '내 인생 최고의 멘토'(이영권 씀) 덕택에 멘토와 멘티의 관계가 중요하다는 것과 평생교육의 필요성을 배웠다.

이영권 박사가 세상을 떠난 후, 아드님인 이상석 교수가 게스트로 왔

---

14) 이영권 박사가 정의한 네트워크마케팅

다. 아버지가 하이리빙 사업을 좋아하셨다는 말을 들으면서 이영권 박사가 많이 보고 싶었다.

'성공하는 길에는 어떤 사람을 만나느냐에 달려있다.'[15)]
자신의 이야기를 가진 250명의 성공자들을 만난 덕택에 성공할 수 있었다. 공들여 쌓아온 노하우를 아낌없이 공유해준 강사님들과 훌륭한 세미나를 20년 동안 열어준 하이리빙 교육시스템에 감사드린다.

---

15) 책 '내 인생 최고의 멘토'(이영권 씀)

20200827

파이를 키우는 일

2020년 8월 26일은 처음으로 각자 집에서 줌(Zoom)미팅을 진행한 역사적인 날이다. 코로나로 인한 사회적 거리두기가 2단계에서 2.5단계로 격상되면서, 일주일 중 딱 하루 오피스텔에 모여 두 시간 동안 하던 줌미팅마저도 못 하게 되니 사람이 더욱 그리워진다.

"소비자들이 건강하고 아름다워질 수 있도록 자신이 가진 재능을 나누는 일입니다."

소비자관리 강의를 맡은 윤사장은 소비자관리를 '재능기부'라고 정의하며, 2년 8개월 전에 하늘나라로 떠난 박손희 사장 이야기를 했다. 공들여 쌓아온 노하우를 아낌없이 나눠준 윤사장 역시 훌륭한 재능기부를 한 거다.

박손희 사장은 강의를 할 때마다 피자를 예로 들었다.

"여러 사람이 피자를 먹으려 합니다. 모든 사람이 피자를 많이 먹으려면 어떻게 해야 될까요? 스몰 사이즈가 아니라 엑스트라라지 사이즈여야 하죠."

우리는 함께 피자를 키우는 방법을 연구해서 공유했다. 작은 파이를 앞에 둔 채 서로 더 먹으려 싸우기보다 파이의 크기를 늘리기 위해 노력했다.

페이스오프를 시스템화 하기 전의 일이다. 박손희 사장이 피부관리샵들을 일일이 찾아다니며 고객의 반응을 살펴 데이터를 모았고, 이 데이터를 기반으로 시스템을 만들었다. 다이어트제품이 나오면 1년 이상 직접 사용해 13kg을 뺐고, 몸매를 유지하면서 실천프로그램을 짰다. 본인이 다이어트제품의 모델이 됐고, 해독강의를 했으며, 2012년부터 유튜브를 활용했고, 키네마스터를 공부해서 동영상편집을 했다.

'파이를 키우겠다'

박손희 사장의 사업원칙은 간단했다. 회사가 잘 되어야 파이를 키울 수 있음을 알고 있기에, 주인의식을 갖고 회사 일에 적극적으로 봉사했다. 그룹이 잘 되어야 함을 알았기에 그룹 일에도 주도적으로 나섰다. 무엇보다 나를 최우선으로 챙기며 촌스러운 의상과 화장, 헤어스타일까지 무척이나 신경 써줬는데, 스폰서가 잘 나가는 일이 곧 파이를 키우는 일이라는 걸 꿰뚫어보고 있었기 때문이다.

"스폰서님, 세상에서 가장 행복한 사업을 알려주셔서, 저를 기다려주셔서 감사합니다."

"파이를 키우셔야 해요."

"평생 2030(20대 몸매와 30대 피부)을 유지하고 싶어요."

"건강 잘 챙겨주십시오, 스폰서님. 미라클골드도 하시고요."

"눈썹도 예쁘고, 피부도 좋고, 키도 크시고, 돈도 있으신데 왜 가꾸지 않으세요?"

안타깝게 쳐다보던 얼굴. 여행을 가면 자신보다 스폰서를 더 돋보이게 하고 싶어서 머리손질부터 메이크업, 드레스 착장까지 두어 시간씩 붙들고 해줬다.

1. 네가 잃어야 내가 얻는 게임이 아니라
2. 네가 성공해야 나도 성공하는 게임이며
3. 얼마나 많은 사람들을, 얼마나 크게 성공시키느냐의 게임이다

이게 우리가 하는 일이다. 최고의 자리가 하나가 아니기에 너도 성공하고, 나도 성공할 수 있다.
'어떻게 하면 상대방을 도울 수 있을까?'
방법을 연구해서 공유한다. 야외지도, 개인지도까지 해주며 피자의 사이즈를 키우고, 아름다운 문화, 행복공동체를 통해 마인드의 사이즈를 늘린다.

내 마음속 줌미팅 창에는 박손희 사장이 함께한다.
"파이를 키우는 일이 함께 잘 사는 길이에요."
지금 사업을 하고 있다면 최고로 빛을 발하고 있을 그녀.
'박손희 사장이라면 어떤 아이디어를 냈을까?'
'나는 그녀를 위해 무엇을 도와줄 수 있었을까?'
코로나 시대에 더욱 그리운 박손희 사장에게 고마움을 전한다.

20200926

소비연금과 다섯 가지 기적

    만 62세가 되는 2022년 10월부터 매달 50만 원씩 국민연금을 받게 된다. 소비연금은 마흔이던 2000년부터 수령하기 시작했고, 지금은 국민연금의 20배를 넘게 받고 있다.
    2020년 현재, 블로그와 유튜브로 매일 소비연금에 대해 알리고 있지만 대부분의 사람들이 알아듣지 못 한다. 내가 소비연금 1,000만 원을 만들 수 있었던 건 다섯 가지 기적 덕택이다.

    첫 번째 기적은 둘째를 임신했을 때 일어났다. 1987년은 대통령선거가 있던 해였는데, 임신 6개월째에 접어들 때까지만 해도 산후휴직 기간은 2개월이었다. 노태우 후보가 선거공약으로 '직장여성 3년 무급휴직'을 내걸었고, 1988년 1월 1일부터 제도를 시행했다. 덕택에 미국에서 난생처음 월세를 살며 임대사업에 대한 꿈을 갖게 되었다. 스물여덟에 시스템소득을 배운 것이다. 대형마트와 24시간 편의점 세븐일레븐을 처음 보면서 우리나라보다 20년 앞서 있는 선진유통시스템도 배웠다.

    두 번째 기적, 군인가족이던 우리 부부는 긴 시간을 주말부부로 보냈다. 아이들이 사춘기에 접어드니 나 혼자 아이들을 키우기가 힘들었고, 이제는 온가족이 함께 살고 싶어 남편이 근무하는 계룡대로 내려갔다.

　서울에서 대전으로 직장을 옮길 때, '공무원연금만 받게 되면 퇴직하자.'고 결단했기에 제2의 직업을 미리 준비해야만 했다. 야간대학원을 다니기로 했는데 집에서 대전 시내까지는 거리가 너무 멀었다. 운 좋게도 대전대학교 대학원은 분원을 내고 있었다. 국문학과에 가고 싶지만 계룡대분원에는 사회복지학과밖에 없었다. 사회복지가 뭔지도 모르는 상태에서 대학원을 다니게 되었고, 덕택에 서른아홉에 곧 한국이 100세 시대와 고령화 사회가 된다는 걸 알게 됐다.

　세 번째 기적은 사회복지학 석사과정 3학기를 마친 뒤, 논문을 쓰던 중에 일어났다. 마흔에 하이리빙 사업을 만났다.
　"미국에서는 대형마트가 지고, 이제 홈쇼핑이 뜨고 있습니다."
　"홈쇼핑보다 더 진보된 마케팅이 네트워크마케팅입니다."
　"네트워크마케팅 사업을 통해 연금성 소득을 얻을 수 있습니다."
　미국에서 선진유통시스템과 시스템소득을 배운 덕택에 이 말들을 이해할 수 있었다.
　"네트워크마케팅은 고령화 사회를 준비하는 사업입니다."
　"앞으로는 네트워크마케팅이 뜰 겁니다."
　사회복지학에서 고령화 사회와 100세 시대를 배운 덕택에 이 말들도 이해할 수 있었다. 소비연금이 태동한 순간이다.

　네 번째 기적, 2000년에는 공무원도 네트워크마케팅 회사에 가입할 수 있었다. 당연했다.
　'회원가입 후, 필요한 제품을 소비하는 회원제슈퍼'
　이 슈퍼에 가입하는 게 문제가 될 리 없었다. 근데 네트워크마케팅이 너무 잘 되는 바람에 본업에 집중하지 못 하는 직장인들이 늘어나 사회적으로 문제가 됐다. '네트워크마케팅 회사에 다니지 말라'는 내용의 공문이 매일 학교로 날아왔지만 열기는 식을 줄 몰랐고, 결국 2002년 가을부터 '공무원과 회사원은 네트워크마케팅 회사에 가입하지 못 한다'는 새로운 제도를 시행했다.

다섯 번째 기적, 네트워크마케팅이 잘되던 시기에 하이리빙 사업을 시작한 덕택에 '배가(倍加)의 원리'를 직접 경험할 수 있었다. 정통 네트워크마케팅은 잘될 수밖에 없는 사업이라는 걸 알고 있기에 믿음을 갖고 20년 동안 하이리빙에 몰두할 수 있었다.

- 1980년대 후반에 미국에서 생활해봤다
- 1998~2000년에 대학원에서 사회복지학을 수학했다
- 2000년에 하이리빙을 만났다
- 공무원도 네트워크마케팅을 부업으로 가질 수 있던 시대에 하이리빙을 만났다
- 네트워크마케팅이 잘되던 시절에 하이리빙을 시작했다

60년을 돌아보니 퍼즐조각이 하나씩 맞춰진다. 군인남편을 만난 순간부터, 아니, 훨씬 이전부터 인생은 기적들로 이어져 있다. 코로나 시대, 고령화 시대에 희망을 주는 사람이 되라고 이 모든 기적들을 예비해주신 하나님의 뜻을 이제야 알게 된다.

20201024

코로나와 프로슈머들의 등장

'21세기에는 새로운 부자 프로슈머(prosumer)들이 대거 등장할 것이다.'

'돈을 쓰면서 돈을 버는 프로슈머의 등장으로 새로운 세상이 될 것이다.'

2007년 봄, 파타야 두짓리조트 306호실에서 3박 4일 동안 읽은 책[16]에 나오는 내용들이다.

2020년 10월 23일 금요일 오전 9시 50분, 하이마스터스쿨 화상수업을 하기 위해 줌(Zoom)을 열고, 여기저기 카톡방에 접속했다.

"바빠서 못 들어갈 것 같아요."

"스피치가 부담스러워서 못 하겠어요."

개강 전날까지만 해도 시큰둥한 반응을 보이던 분들도 막상 개강을 하고 나니 모두들 만족해했다.

---

16) 책 '부의 미래'(앨빈 토플러 씀)

하이마스터스쿨 개강을 앞두고 몇 번이나 회의를 했다. '보조강사 선정, 과제점검, 스피치 등', 후원을 어떻게 하면 좋을지 걱정을 많이 했기 때문이다. 오프라인시스템을 온라인시스템으로 옮기는 과정에서 겪는 진통이었지만, 시대의 변화라는 거대한 물결 앞에서 우리의 고민은 너무나 작은 것이었다.

수업 시작 2~3분 만에 103명의 수강생들이 들어왔다. 삼삼오오 같이 모여 수업을 들은 분들도 많았으니 다 합하면 150명 이상이 함께했다.

'오늘을 위해 지난 20년을 준비해온 거구나.'라는 느낌이 강하게 들어 마구마구 알리고 싶어졌다.

"형님! 사업이 너무 잘되어 전화 드렸어요."
"지금 일하는 중이야."
"죄송합니다. 그럼 일 끝나고 연락 주세요."

바로 다른 번호를 눌렀다.
"도련님! 뭐 이런 세상이 있데요?"
오후 4시면 환자 진료하느라 바쁠 시간인데도 의사 시동생은 30분 동안 통화했다. 카카오 김범수 회장 이야기도 하고, 과자를 만들어 수백억 원을 번 회장 이야기도 했다.
"이론상 하이리빙도 충분히 가능한 일이에요."
시동생은 시스템을 이해했다.

친구에게 전화했다.
"사업이 너무 잘돼 미치겠다!"
"그렇겠지. 코로나 때문에 잘될 수밖에 없을 거야."
"그러니까 우리 같이 하자."
"…"

친구 남편에게 연락했다.
"제 사업이 너무 잘돼요. 예삿일이 아니니 자료 살펴보세요."
사업설명 동영상 두 편과 내 블로그 글 두 편의 링크주소를 보냈다.

사업을 하다 소비자로 남은 파트너 세 분과 통화했다.
"옛날의 사업이 아니에요. 다시 살펴보세요. 줌미팅 할 수 있도록 설치해두시고요."

대학서클 카톡방에도 똑같은 내용을 올렸지만 다들 무반응이었다.

늦은 밤, 갑자기 생각난 후배의 번호를 눌렀다.
"지금 줌 깔아."
후배와 번개미팅을 했다. 처음에는 시큰둥했던 반응이 내 블로그 글 두 편을 듣고 나서는 달라졌다.
"제가 생각 없이 살았네요. 한 번 생각해봐야겠어요."

하이리빙 사업이란?
생산자가 중간유통단계를 거치지 않고, 회원에게 직접 좋은 상품을 공급함으로써 절약된 중간유통비용을 '상품의 질 향상'과 '가격인하'의 방법으로 회원에게 환원하여드리고, 하이리빙을 타인에게 소개하여 소비가 창출될 시에는 이에 대한 일정한 '장려금'을 제공하는 '21세기 혁신적인 유통사업'입니다.

하이리빙이 될 수밖에 없는 다섯 가지 이유는?
1. 시대의 흐름에 맞는 사업이다
2. 생필품이 주력제품이다
3. 검증된 시스템을 갖췄다

- 회사
- 제품
- 보상플랜
- 스폰서링(sponsoring)
4. 사회발전에 기여한다
   - 고용창출
   - 중소기업 육성
   - 개인소득 증가
5. 사람을 변화시키는 교육시스템을 가졌다

하이리빙 사업의 일곱 가지 특징은?

1. 자영사업

   보상은 자기 스스로 결정한다
2. 4무(無) 사업
   - 무자본
   - 무점포
   - 무경험
   - 무위험
3. 가족사업
4. 합리적 보상프로그램
5. 부업으로 가능
6. 공익사업
   - 환경을 살린다
   - 중소기업을 살린다
   - 일자리를 창출한다
7. 차별성
   - 국내자본

- 생필품중심
- 국산품중심

꿈을 이룰 수 있는 가장 효과적인 두 가지 방법은?
1. 성공한 사람을 따라 하기
2. 고정관념 버리기

꿈이 사라질 나이에 계속 꿈을 꿀 수 있어 행복하다.

로버트 기요사키는 말했다
"부자가 되려면 자기 사업을 해라."
"부자들은 자산에 관심을 갖고, 가난한 사람들은 수입에 관심을 갖는다."

경제적 자유로 갈 수 있는 세 가지 방법은?[17]
1. 회사를 차린다　　　　　(시스템 개발)
2. 프랜차이즈 사업을 한다　(시스템 구매)
3. 시스템을 활용한다　　　(시스템 편승)

토끼와 거북이가 같은 출발선 앞에 서 있다
나는 거북이다.

우리 사업은 콩나물에 물주기 사업이다
처음에는 티가 안 나지만 습관적으로 꾸준히 물을 주다 보면 어느 날,

---

17) 책 '부자 아빠 가난한 아빠'(로버트 기요사키 씀)

콩나물은 성큼 자라나 있다.

멘토란 누구일까?
스승이자 지도자이며 상담상대다. 멘토라는 단어를 예전부터 알고 실천했음이 고맙다.

나의 꿈과 성공을 끝까지 책임지고, 안내해줄 두 존재는 누구일까?
1. 시스템
2. 스폰서

세계 역사상 가장 강력한 두 가지 부(富)의 창출도구는 무엇일까?
1. 프랜차이즈 개념
2. 기하급수적 성장

'프랜차이즈 개념 + 기하급수적 성장 = 네트워크마케팅'
이 두 가지가 동시에 적용된 건 환상적인 일이다.

왜 교육이 필요한가?[18]
지적 유통
= 소비자의 삶을 개선할, 그러나 소비자는 그 존재를 아직 모르고 있는 제품과 서비스에 대해 소비자를 교육하는 일
= 새로운 부를 창출하기 원하는 사람들을 위한 최고의 사업기회가 될 것이다

---

18) 책 '다음 새로운 백만장자들'(폴 제인 필저 씀)

하이리빙은 교육사업이다
1. 내가 먼저 배운다
2. 내가 남을 가르친다
3. 내가 가르친 사람이 다시 남을 가르친다

세 가지가 어우러질 때, 사업의 효율이 가장 높다.

하이리빙 사업은 슈퍼를 바꿔 쓰게 하는 사업이다
물건을 파는 사업이 아니다.

대부분의 사람들에게는 여느 날과 다를 바 없이 흘러갔을 어제 하루가 나에게는 가슴 터질 듯한 비전의 날이었다. 혁명의 순간을 직접 겪었음에 감사드린다.

20210105

고코 시대 3관왕

'좋은 제품 실컷 소비하며 건강과 연금을 만드는 삶'

- 소비왕
- 연금왕
- 건강왕

올림픽 3관왕처럼 고코(고령화 & 코로나) 시대에도 3관왕이 있다는 생각이 든다.

'치약, 칫솔, 화장지, 샴푸, 비타민, 화장품'
회원들이 안심하고 소비할 수 있도록 회사가 검증한 제품들이 있다. 이 제품들로 머리끝부터 발끝까지 관리하고, 건강관리, 소비자관리까지 하는 게 우리 사업이다. 토탈케어시스템을 교육하는 게 우리 사업이고.

'토탈케어시스템을 할 수 있도록 교육과 제품이 있는 거다'
즉, 이게 우리 사업의 핵심이다.

'알칼리이온수기 필터, 종합비타민 세 박스, 생생큐 한 박스, 맨즈파워업 한 박스, 에스론우먼골드 한 박스, 아이3케어 두 박스, 생식 60포, 견과믹스 60개, 커피 두 종류 각각 한 박스씩, 올리브유 한 병, 욕실소독제 두 개, 두루마리 화장지'

하이리빙마트에서 이 제품 저 제품 사다 보니 100만 원이 넘는다. 우리 가족 네 명이 한 달 동안 생필품에 소비하는 돈이 이렇게 많다. 나는 월초에 계획구매를 하는데 건식코너, 화장대, 욕실, 베란다, 주방, 안방, 집 안 곳곳을 돌아다니며 곧 떨어질 제품을 파악해 미리 사놓는다. 종류도 많고, 들어가는 돈도 많다. 어딘가에서는 반드시 사야만 하는 제품들을 하이리빙마트 한 곳에서 구입하니 쓰는 돈이 아니라 버는 돈이 된다.

치매를 예방하기 위해 생생큐를 먹고, 눈 건강을 위해 아이3케어를 먹는다. 전립선 건강도 챙겨야 하고, 골다공증도, 심혈관도 관리해야 한다. 소중한 몸 중 어느 한 곳이라도 고장 나면 큰일 난다. 가족 중 누구라도 아프면 안 된다.

'암보험, 치매보험, 실손보험, 심혈관보험, 뇌질환보험, 상해보험, 치아보험, 간병보험, 건강보험'

위험에 대비해 보험을 넣는 건 중요한 일이지만 건강할 때, 건강식품을 매일 챙겨 먹는 건 더 중요한 일이다. 매달 보험회사에 낸 보험료는 아프지 않으면 소멸해버린다. 보험금을 수령하려면 아프거나 죽어야 한다. 하이리빙마트에서 매달 구입해 섭취한 건식은 가족의 건강을 지켜주고, 소비연금이 되어준다.

우리 가족이 수십 년 동안 불입하기만 하고, 돌려받지는 못 한 보험료는 수천만~수억 원이다. 그 돈으로 건강식품을 사 먹었다면 암, 당뇨, 고혈압에 걸릴 확률을 획기적으로 줄일 수 있었을 거다.

- 하이리빙의 검증된 좋은 제품들로 건강을 챙긴다

- 유통광고마진을 통해 소비연금까지 만든다
- 매달 수령하는 1,000만 원의 소비연금으로 다시 하이리빙에서 좋은 제품들을 구입해 건강을 챙긴다

'소비와 연금과 건강', 세 가지를 한꺼번에 토탈관리 하는 고코 시대 3관왕임에 감사드린다.

20201031

하이리빙, 우리사주(LG화학주), 우리의식

전국명산을 찾아다니고 있는 친구가 대학동아리 '밀알' 카톡방에 사진을 올려줬다. 예쁜 은행잎을 보니 갑자기 친구들 목소리가 듣고 싶어서 전화를 걸었다.

'퇴직 후 등산 다니고 있는 친구, 퇴직 전 공로연수기간에 골프 치며 지내고 있는 친구, 퇴직 후 여행계획 짜고 있는 친구, 대기업에서 명퇴 후 사업하고 있는 친구'

사업하는 친구와 가장 긴 시간 동안 통화했다. 회사 다닐 때, A사 사업설명을 들었다는 친구는 올림픽체조경기장에서 연 컨벤션에 참석한 적도 있다고 했다.

"혜숙형제 정말 대단하다."

네트워크마케팅 업계의 사정을 아는 친구는 감탄을 연발했다.

"고마워. 하지만 대단과는 거리가 멀어. 돈 버는 소비를 하다 보면 돈 쓰는 소비는 더 이상 못 하거든. 그래서 꾸준히 돈 버는 소비를 하고 있을 뿐이야."

재테크 이야기를 하다가 주식 이야기로 넘어갔다. LG화학 출신인 친구는 예전에 우리사주를 받았다고 했다.

"이 주식들만 갖고 있었어도 지금 하는 사업보다 더 나았을 텐데. 근데 중간에 팔아버렸어."

우리사주를 받은 동료들은 친구가 알기만으로도 최소 100명이라고 했다.

"아직까지 갖고 있는 사람이 있어?"

"어."

"몇 명?"

"한 명."

현재(2020년 10월 31일 기준) LG화학의 주가를 찾아보니 62만 원이다. 이 한 명은 약 5,000주를 갖고 있다고 했으니 우리사주 하나만으로도 30억 원 부자다.

친구와 이야기를 나누며 강한 기시감을 느꼈다. 우리사주를 매도한 사람들과 하이리빙을 그만둔 사람들이 오버랩됐기 때문이다.

팔지 않았다면 100명 모두 30억 원 주식부자가 됐겠지만 99명은 매도해버렸고, 그만두지 않았다면 다 함께 30억 원 가치의 하이리빙 ID를 가진 자영사업자가 됐겠지만 99퍼센트는 포기해버렸다. 수십 년 동안 회사에서 직접 근무한 직원들마저도 회사의 가치를 제대로 모르고, 수십 년 동안 제품들을 직접 써본, 심지어 월 1,000만 원이 넘는 캐시백까지 받은 사업자들마저도 사업의 가치를 제대로 모른다.

회사가 준 소중한 선물인 우리사주를 간직함으로써 평생 회사의 주인으로 살고픈 마음일 거다. 30억 원 부자가 된 투자비결은 바로 우리의식일 거다. 나에게는 하이리빙이 우리 회사이기에 하이리빙이 잘되기를 바라며 적극적으로 소비하고, 참여하고, 봉사하고, 광고한다. 직접 좋은 회사로 키우겠다는 마음이다.

20210121

21세기 유망산업

21세기 유망직종에 대한 강의를 들으며, 세 달 전에 쓴 '하이리빙, 우리사주(LG화학주), 우리의식' 글이 떠올랐다.

- 온라인소비와 재택근무 체제로 사회시스템이 빠르게 바뀌고 있다
- 5060세대의 온라인소비 비중이 급격히 늘어나고 있다
- 줌(Zoom)과 밴드(BAND) 등의 플랫폼 덕택에 온라인강의가 신속하게 일반화되고 있다

코로나로 인해 세상은 급속도로 변하고 있다. 네트워크마케팅 사업을 펼치기에 점점 더 좋은 환경이 되어가고 있으니 하이리빙 사업은 점점 더 잘될 수밖에 없다.
21세기 유망직종은 아래 네 가지 산업 중 하나에 속하는 직종이다.

1. IT산업
2. 생명공학산업
3. 실버산업
4. 신유통산업(무점포 사업)

1~3번 산업은 간접투자 방식으로 주식을 사면 되고, 4번 산업은 20년 동안 종사해 온 분야이기에 직접 계속 해 나가면 된다. 포기하지 않았음에 감사드린다.

20210124

인생에서 가장 비싼 수업료

살면서 소중한 것들을 배운다. 누군가에게 배운 소중한 것들을 통해 가치를 이루어나가는 건 인생의 큰 기쁨이다.

무언가를 배우려면 반드시 수업료를 내야만 한다. 학원비, 등록금도 납부해야 되고, 자격증, 학위, 면허 따는 값도 지불해야만 한다. 문제는 아무것도 배우지 않고 내는 값비싼 수업료다.

절대 하지 말아야 할 일로 분류하는 사업이 있다. 다단계피라미드다.

- 200만~300만 원 제품 사기
- 두 줄 맞추기

많은 다단계피라미드 회사들이 공통적으로 내세우는 수당지급 조건이다. 누구나 할 수 있을 것 같지만 조건을 맞추다 보면 몇 천만 원이 날아가는 건 일도 아니고, 억대가 넘어가는 것 역시 순식간이다.

다단계꾼들은 조직을 짜서 철새처럼 옮겨 다닌다. 목적을 이룬 뒤, 다른 곳에 가서 새로운 회사를 만든다.

"비싼 수업료를 냈어."

A 회사에서 1년 동안 사업을 했던 친구가 한 말이다.

2018년 2월, 거의 연락을 안 하고 지내던 친구가 찾아왔다. 25년째 B 보험회사에서 FC(Financial Consultant, 재무 설계사)로 일하고 있는 친구였다.

"너한테 A 사업을 소개해주려고 왔어. 외국계회사라 믿을 수 있어. 200만 원만 낸 다음에 페이스북 등 SNS에 올라오는 광고만 보면 돼."

사업을 시작한 지 두 달째라는데 횡설수설했다. 네트워크마케팅 사업에 대해 완전 엉터리로 알고 있었다.

"제품 팔지 않아도 돼. 교육 안 받아도 돼. 그냥 200만 원 내면 돈이 돼."

전형적인 불법다단계회사였다.

"통장에 500만 원이 들어왔어."

50명 정도를 가입시킨 명단을 보여줬다.

- 정통 네트워크마케팅
- 불법 다단계피라미드

흥분해 있는 친구에게 둘의 차이를 설명해주니 유별을 떤다며 벌컥 화를 냈다. 다른 네트워크마케팅 하는 사업자들도 다 가입했는데 나만 난리라고 했다.

'네트워크마케팅 사업을 제대로 하고 있으면 다른 네트워크마케팅 회사에는 가입하지 않는다'

왕초보 친구는 네트워크마케팅의 기본조차 모르고 있었다. 나를 컨택하러 온 열정에 감탄하며, 동시에 조만간 대형사건이 터지겠다는 생각이 들었다. 안타깝지만 해줄 수 있는 게 없었다. 친구의 귀에는 내 말이 들리지 않았다.

2년도 지나지 않아 그날이 왔다.

"벌어도 부족한 나이에 다 잃어서 일흔까지는 계속 일해야 돼. 가장 힘든 건 수십 년 동안 나를 믿어주신 고객 분들께 피해를 입혔다는 거야."

친구가 잘 극복하기를 바랄 뿐이다. 하이리빙이라는 좋은 회사를 만났음에 감사드린다.

5 좋은 습관

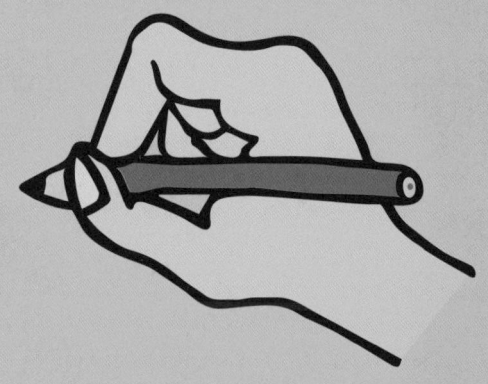

20191229

생각의 시대와 글쓰기 습관

'60에 쓰는 감사 이야기'의 첫 번째 감사는 '은퇴 없는 평생일자리를 갖고 있음'이었다. 두 번째 감사는 '매일 아침 글을 쓸 수 있음'이다. 젊고, 스펙 좋은 사람들도 취직하기가 하늘의 별따기인 요즘 시대, 은퇴 없는 평생일자리를 가질 수 있는 건 글쓰기 덕택이다.

늘 불안과 혼돈의 시대이지만 감사하게도 세계의 석학들은 미래에 대한 희망을 꾸준히 제시해준다. 나에게 매일 글쓰기는 이 희망을 좇는 여정이다.

글을 쓰기 전의 나는 부정적이고, 열등감에 짓눌려 있었다. 글쓰기 덕택에 긍정적 생각, 좋은 생각, 진취적인 생각을 하는 게 더 이득이 된다는 걸 알게 됐고, 좋은 생각을 더 많이 하기 위해 의식적으로 노력했다.

뒤죽박죽 엉켜 있는 생각을 글로 쓰면 일목요연하게 정리가 되고, 정리가 되면 새로운 길이 열린다.

글쓰기의 힘을 알게 된 후, 중독됐다. 누가 시키지 않아도 틈만 나면 쓴다.

"이 사업은 안 되는 사업이에요."

사업을 전달하면 99퍼센트의 사람들은 이렇게 말한다.
"이 사업은 100퍼센트 될 수밖에 없는 사업이에요."
"이 사업이 안 되는 게 기적이에요."
나는 이렇게 말하고. 모든 건 생각의 차이에서 비롯한다.

- 프로슈머 마케팅
- 부자 아빠 가난한 아빠
- 카피캣 마케팅
- 파이프라인 우화
- 가정에 숨겨진 금맥

사업 초기, 내 안에 꿈을 심어준 작품들이다. 날마다 15분씩 읽은 책이 나의 생각과 직업과 인생을 바꿔주었다. 매일 아침 읽고, 쓰면서 생각은 신념이 되어갔다.

시간도, 돈도 없는 열악한 상황에서 부업으로 생필품소비를 통해 삶을 변화시킬 수 있었던 건 글쓰기 덕택이다. 어릴 적, 일기를 쓰지 않으면 아버지는 밥을 굶기셨는데, 그 시절 매일 글을 쓰던 습관이 몸에 배어버렸다.

- 생각의 시대
- 좋은 습관

나의 성공은 이 두 가지가 융합되어 낳은 재미난 작품이다.

1. 100세 시대
2. 고령화 시대

3. 4차 산업혁명 시대
4. 생각의 시대

지금 우리가 살고 있는 시대들이다. 1~3번은 상식이 됐지만, 4번은 대부분의 사람들이 모른다. 생각의 크기가 곧 성공의 크기다. 세계적인 석학들의 생각을 배우고, 따라 하다 보니 세상천지가 기회다.

일자리가 없는 것이 아니다. 구직난에 헤매는 사람들만큼이나 구인난에 헤매는 사람들도 많다. 내가 그중 한 사람이다. 기회는 넘치는데, 생각의 시대에 걸맞는 인물을 발견하기가 힘들다.

팁_ 일자리를 찾길 원하십니까?
글을 쓰십시오. 생각에 답이 있고, 글쓰기에 길이 있습니다. 세상이 바뀌었습니다.

- 생각한다
- 글로 쓴다
- 소리 내서 입 밖으로 말한다

이 과정을 계속 반복하다 보니 생각은 현실이 되었다.

- 할 수 있다고 생각하면 할 수 있다
- 할 수 없다고 생각하면 할 수 없다

이 둘의 차이가 바로 생각의 비밀이다.

- 취업을 하고 싶으면 고용주 입장에서 생각해야 한다
- 시험을 잘 보고 싶으면 출제자 입장에서 생각해야 한다

- 성공하고 싶으면 소비자 입장에서 생각해야 한다
- 좋은 책을 쓰고 싶으면 독자 입장에서 생각해야 한다

'생각이 없는 사람이 너무나 많다'는 게 문제이자 답이다. 모든 건 생각의 차이에서 비롯한다. 생각의 시대에 글쓰기 습관을 갖고 있음이 고맙다. 선견지명을 갖고 위대한 유산을 남겨주신 아버지께 감사드린다.

20191231

공동운명주, 윈윈공동체

    공동운명주 덕택에 팀워크와 삶을 배웠다.
    남편이 대대장으로 근무하던 당시는 매주 테니스를 친 다음 저녁을 함께 먹었다. 모두가 가족처럼 지내던 시절이다. 네 개 대대, 부부 동반이면 총 여덟 명이 소주 열 병, 스무 병을 박스째로 가져다 양푼에 따라 돌아가며 먹었다. 마셔야 할 술의 총량은 정해져 있었고, 내가 적게 마시면 다른 사람들이 많이 마셔야 했기에 일명 '공동운명주(共同運命酒)'라고 불렀다.
    남편은 체질적으로 술을 못 마신다. 아무리 노력해도 안 되는 게 체질이다. 나는 술을 못 먹는 체질이 아니라 연습을 했다. 소주를 입 속에 머금었다가 뱉기를 반복, 목구멍 너머로 넘기는 데까지 보름 정도 걸렸다. 술이 좋아서가 아니라 다른 사람에게 피해를 주지 않기 위한 최소한의 성의였다. 서른다섯에 배운 공동운명주는 가정생활과 사회생활에 큰 도움을 주었다.

    우리는 주말부부로 오랜 기간을 지냈다. 1990년대 초중반, 남편은 강원도에 살고, 나와 아이들은 서울에 살았는데 토요일 수업이 끝나면 화천군 사창리로 떠났다. 처음에는 유치원생 아이들 둘을 데리고 시내

버스와 시외버스를 갈아타며 다녔고, 나중에는 프라이드 자가용을 직접 운전해서 다녔다.

굽이굽이 광덕고개 길을 넘고 넘어, 만 4년 동안 총 214차례 서울과 강원도 사이를 왕복했다. 광덕고개는 일명 '캬라멜고개'라고도 불렸는데, 6·25전쟁 당시 이 고개를 넘을 때, 운전병이 졸지 않도록 캬라멜을 주며 계속 말을 걸어야 했다고 해서 붙여진 이름이다. 깜빡이라도 졸게 되면 절벽으로 떨어져버릴 정도로 길이 험하기 때문이다.

나도 몇 번 죽을 뻔했는데, 그중 가장 위험했던 때는 월요일 새벽 출근하던 중 빙판길에 미끄러졌을 때다. 중앙선을 넘어 돌로 만든 가드레일에 부딪쳤는데, 눈앞에는 가드레일이 두 개 보였다. 그 너머로는 가드레일이 없었으니 조금만 더 앞쪽으로 미끌어졌더라면 낭떠러지로 떨어지는 거였다.

"어떻게 이 먼 길을 매주 오세요?"
"정말 대단하십니다. 열녀상 받으셔야 돼요."
이런 말도 많이 들었다.

깨알 같은 글씨로 매일 가계부를 썼다. 겨울방학이 되면 '1년 가계경제현황'을 남편에게 보여주며 내년도 '가계경제목표'를 함께 세웠다.

신혼 3주를 같이 보낸 뒤, 남편은 비무장지대로 1년 동안 근무하기 위해 들어갔고, 그 후로도 오랜 기간을 주말부부로 지냈다. 함께 산 시간보다 헤어져 산 시간이 더 길어 싸울 겨를도, 권태기도 없었다. 전방에서 혼자 고생하는 남편을 보면 안쓰럽고, 함께해주지 못 함이 늘 미안했다. 떨어져 살며 힘들었기에 상대방이 소중했고.

늘 나를 인정해주고, 지지해준 사람. 남편은 기회를 주고, 지켜봐줬다. 본인보다는 가족이 먼저인 사람. 나에게는 물론 아이들에게도 그랬다. 무슨 이야기든 들어주고, 어떤 일이든 도와준 사람. 나의 부족함을

보완해주고, 영감과 아이디어를 준 사람. 우리는

- 스마트폰도
- 이메일도
- 통장도
- 꿈과 추억도
- 고통과 행복도 공유한다

남편에게 가장 감사한 것은 하이리빙 사업을 할 수 있도록 배려해주며, 꿈을 이룰 때까지 기다려준 것이다.

신도안 군인아파트, 선재 생일 날. 유치원생 아이들 데리고 남편 찾아 전국 방방곡곡을 참 열심히 다녔다.

중곡동 친정 부엌, 한 달에 한 번 휴가 나오는 아빠 발을 닦아주던 아이들. 예쁘다.

서울 동의초등학교 근무하던 때, 운동회 날. 아이들은 학교 바로 옆에 붙어 있는 영화유치원에 다녔는데, 유치원 마치면 학교운동장에서 놀았다. 아이 둘 모두 동의초등학교에 입학해서, 큰애가 4학년 1학기를 마칠 때까지 같은 학교에 다녔다. 방과 후, 보건실로 와 숙제를 하곤 했다.

둘째 낳고, 육아휴직 받아 미국 유학생활 중. 주부습진으로 고생하던 때다. 같이 뒹굴고, 먹고, 놀고, 자고 했다.

요세미티, 둘 다 유모차를 타고, 기저귀를 차고, 젖병을 빨았다.

캘리포니아 태평양가 우리가 살던 몬트레이, 그립네.

'은퇴를 위한 다섯 가지 행복 포트폴리오'

1. 건강
2. 부, 소득
3. 사회활동
4. 취미, 여가
5. 가족

하이리빙 덕택에 균형된 삶을 살 수 있으며, 다양한 경험도 할 수 있다.

삶에는 고통만 있는 것도 아니고, 행복만 있는 것도 아니기에, 인생은 고통을 나누는 여정이기도 하고, 행복을 나누는 여정이기도 하다. 젊은 시절에 배운 공동운명주가 인생을 사는 데에 큰 역할을 해줬다.

20200906

세상에서 가장 이상한 비밀

젊은 시절에 '세상에서 가장 이상한 비밀'을 읽은 건 축복이다. '열심히 사는데 왜 다들 가난할까?'라는 호기심이 사업의 시작이었다.

얼 나이팅게일은 미국의 라디오 진행자이자 동기부여 연설가이며, 성공학과 자기계발 분야에서 업적을 이뤄낸 인물이다.

'한 사람의 인생을 결정짓는 열쇠라는 게 있을까?'
'있다면 그 열쇠는 무엇일까?'
'열쇠를 어떻게 활용하면 성공할 수 있을까?'
얼 나이팅게일은 고민했고, '세상에서 가장 이상한 비밀'이라는 책을 썼다.

- 젊은이들은 모두 가슴 벅찬 꿈을 안고 사회생활을 시작한다
- 30~40년 동안 성실히 일한다
- 그러나 65세가 되었을 때, 경제적으로 자유로운 사람은 겨우 5퍼센트밖에 안 된다

이것이 그가 발견한 아주 이상한 비밀이다. 나머지 95퍼센트는

- 여전히 일을 해야 하거나
- 국가나 자녀, 사회보장기관, 종교단체에게 보조를 받거나
- 아니면 이미 파산한 상태다

'이 통계는 50년, 100년이 지난 후에도 크게 달라지지 않을 것이며, 세계에서 제일 잘 사는 미국도 예외가 아닐 것이다.'
'아무리 방법과 사실을 가르쳐주어도 깨닫고 이해하는 사람이 없어 이 숫자는 변하지 않을 거다.' [19]

얼 나이팅게일은 '가치 있는 꿈을 점진적으로 실현시켜가는 것'을 성공이라고 정의하며, '미리 정해놓은 목표를 위해 일하고, 또한 자신이 어디로 가고 있는지를 알고 있다면 이 사람은 성공자다.'라고 했다.

'세상에서 가장 이상한 비밀'을 처음 읽었을 때, 95퍼센트가 가난한 상태로 사회생활을 끝낸다는 걸 알고 충격 받았다. 동시에 책이 알려주는 대로 따라 한다면 5퍼센트 안에 들 수 있을지 직접 시험해보고 싶은 호기심도 들었다. 반신반의했지만 얼 나이팅게일이 20년의 연구 끝에 도출해낸 결과이기에 따라 했다. 세계적으로 유명한 사람이 써놓은 비밀을 알고도 95퍼센트에 속하기는 싫었다.

95퍼센트의 사람들이 가난하게 되는 이유는 인생의 목표가 없기 때문이라고 했다. 인천항을 떠난 배가 홍콩항으로 가야 할지, 뉴욕항으로 가야 할지 목적지를 모르고 있다면 바다 위에서 표류할 수밖에 없는데, 내가 그렇게 살고 있었다.

---

19) 책 '세상에서 가장 이상한 비밀'(얼 나이팅게일 씀)

- 성적 따라 학교 갔고
- 학교 따라 취업했고
- 취업 따라 결혼했고
- 결혼 따라 아이 낳았고
- 환경 따라 아이 길렀다
- 아이는 또 성적 따라 학교 갔다

지난 20년은 책의 통계가 사실임을 직접 확인한 기간이었다. 95퍼센트, 아니, 그보다 더 많은 사람들이 생각이 없었다.

- 예순 이후의 삶
- 고령화 시대

이 둘에 대해 이야기하면 대부분의 사람들이 불편해했다.
"열심히 사는 것보다 더 중요한 건 생각하는 일이야."
"생각하며 살자."
"어디로 가는지 목표를 정해야 해."
"글로 목표를 써보자."
말해도 듣지를 못 했고, 듣고도 행동하지를 않았다. 애초에 생각이 없으니 비밀이 아니라 이미 예정된 결과였다.

- 연금성 소득 1,000만 원을 받고 싶다
- 시간과 돈으로부터 자유로워지고 싶다

두 가지를 목표로 잡고 마흔셋에 하이리빙으로 전업했고, 목표를 향해 매일 행동하니 신기할 정도로 이룩되었다.

- 이야기를 써서 블로그에 올려도 글을 읽는 사람은 극소수다
- 글을 읽고, 생각하는 사람은 더 극소수다
- 글을 읽고, 믿고, 실천하는 사람은 더더욱 극소수다

라는 걸 알고 있다. 하지만 한 권의 책이 생각 없이 살던 나에게 인생의 전환점이 되어주었듯, 내 이야기가 누군가의 삶에 도움이 될지도 모른다는 희망을 안고 날마다 글을 쓴다.

'어디로 가고 있는지'
5퍼센트밖에 목적지를 정하지 않는다는 건 영원한 아이러니며 과제이고, 아무도 귀 기울이지 않기에 내 이야기 역시 세상에서 가장 이상한 비밀이 될 것이다.

20200920

일기 한 편당 70만~80만 원

어릴 적 꿈은 작가였다. 하이리빙을 만나기 전에도 날마다 썼는데, 그때는 가계부를 열심히 썼다. 하이리빙을 만난 뒤, 비전이 생겼고, 비전이 보이니 가슴이 뛰었고, 가슴 뜀이 자연스럽게 글이 되었다.

비전을 다른 사람들에게도 전해주고 싶었지만 타지에서 부업으로 사업을 진행했기에 시간이 부족했으며, 궁여지책으로 2000년 10월부터 이메일 아침편지를 쓰기 시작했다. 쓰다 보니 억대연봉자가 되었고, 평범한 사람이 억대연봉을 받게 된 새로운 재테크방법을 공유하기 위해 2004년 6월 10일부터 여덟 칸 글쓰기 8코아를 하고 있다.

2009년 섣달그믐날, 이베이가 옥션에 이어 G마켓을 인수한다는 뉴스를 보고 책을 쓰기로 했다. 외국계 유통자본과 다단계피라미드로부터 국내 유통시장을 지키고 싶었으며, 정통 소비자유통사업을 정착시키고 싶다는 열망도 컸다.

2009년, 첫 번째 책 '1그램의 고통과 1톤의 행복'을 쓴 뒤, 5년마다 책 한 권씩을 내야겠다고 생각했다. 5년 동안 책 한 권 분량의 새로운 이야기들을 만들고 싶었다.

2013년, 두 번째 책 '4,300원의 자신감'을 썼고, 2020년, 소비연금을 제대로 알려 일반화시키고 싶은 간절한 마음으로 세 번째 책 '소비연금 이야기'를 집필하고 있다.

- 작가
- 부자

매일 아침 글쓰기를 통해 두 가지 꿈을 동시에 이뤘다. 좋아하는 일을 하면서 부자가 됐다. 계산해보니 내가 쓴 일기가 한 편당 70만~80만 원이다.

20201112

좋은 습관이 돈이 되는 시대

- 돈을 투자하지 않아도 된다
- 출퇴근을 하지 않아도 된다
- 제품을 구비해둘 오프라인공간을 확보하지 않아도 된다
- 가입비를 내지 않아도 된다
- 그런데도 사업이라고 했다
- 큰 사업이라고 했다
- 비전 있는 사업이라고 했다

하이리빙 사업설명을 처음 들었을 때, 어안이 벙벙했다.
"사업은 부담스러워서요. 전 안 할래요."
많은 사람들이 하이리빙 사업의 '사업'이라는 단어에 중점을 두지만, 경험상 하이리빙은 사업이라기보다는 좋은 생활습관이다.
'건강한 몸, 긍정적인 생각, 열정적인 태도, 풍부한 지식, 부유한 삶'
이 요소들이 선순환시스템을 이루는 게 우리 사업이다.

좋은 삶은 좋은 습관에서 비롯하고, 좋은 습관은 좋은 생각에서 비롯하며, 좋은 생각은 좋은 교육에서 비롯한다. 하이리빙 교육시스템 덕택에

- 합리적으로 소비하는 습관
- 좋은 생활습관
- 건강한 식습관
- 물 마시기 습관
- 나와 타인의 장점을 찾아 개발해주는 습관
- 긍정적으로 사고하는 습관

을 들일 수 있다. 하이리빙 회사가 좋은 제품들을, 그룹이 교육시스템을 제공해주기에 꾸준히 공부하다 보면 소비습관이 바뀌게 되고, 소비습관이 바뀌면 삶이 바뀌게 된다.

우리 사업은 돈을 투자해서 오프라인가게를 여는 것이 아니고, 취직해서 매일 여덟 시간씩 일하며 봉급을 받는 것도 아니다. 좋은 습관을 갖는 게 우리 사업이다. 돈을 투자하는 것이 아니라 시간을 투자한다는 게 핵심이다. 생각의 전환이 필요하다.

좋은 화장품을 구입하는 건 중요하다. 그보다 더 중요한 건 피부관리법을 제대로 아는 건데, 피부재생원리를 공부하는 데에 시간을 투자해야만 가능한 일이다. 원리를 알고 하면 효과는 배가되고, 방법을 아니까 다른 사람들도 가르칠 수 있게 된다.

- 출근하는 대신 교육을 받는다
- TV 보는 시간에 책을 본다
- 교육시간들이 쌓여 좋은 습관이 된다

매주 여덟 시간씩 강의 듣고, 책 읽는 게 우리가 하는 일이다. 그럼 나머지 160시간 동안 긍정적인 마인드로 건강하게 살려고 노력하게 된다.

- 너 자신이 얼마나 위대한 사람인지를 알려주는 것
- 나 자신이 얼마나 대단한 사람인지를 깨닫게 되는 것

이 두 가지가 교육의 핵심이다. 내가 대단한 사람이라는 걸 알고 나면 더 괜찮아지기 위해 적극적으로 행동하게 된다.

20201215

살고, 쓰고, 사랑하자

내가 생각하는 '인간을 사랑하는 최고의 방법'은 글쓰기고, 내가 잘하고 싶은 일도 글쓰기다. 글을 잘 쓴다는 건 '나의 이야기가 전달되어 누군가에게 희망이 되는 것'이다.

2020년 12월 14일, 서울의 기온은 영하 10℃를 기록했고, 실시간 검색어에는 '코로나 3단계 격상'이라는 키워드가 떠 있었으며, 하루 코로나 확진자수는 1,030명으로 국내 첫 확진자 발생 이후, 11개월 만에 최다발생이었다. 날씨도 꽁꽁, 경제도 꽁꽁, 마음까지 꽁꽁 얼어버린 겨울이다.

눈에 보이지 않는 바이러스와 전쟁을 치른 지 1년이 다 되어가는 힘든 시대에

- 일자리 걱정 없이 살 수 있는 방법
- 건강 걱정 없이 살 수 있는 방법
- 4,300원의 캐시백에서 시작하여 1,000만 원의 소비연금을 마련한 방법
- 온라인소비 방법

- 재택근무 방법
- 건강 관련 사업 진행방법
- 1인 기업 만든 방법

과

- 생활이 곧 사업
- 생활이 곧 돈
- 생활이 곧 건강
- 생활이 곧 일

이라는 걸 알리고 싶어서 계속 글을 쓴다.

'소비연금 이야기', 2020년 1년 내내 집필한 나의 세 번째 책 제목이다. 아들딸에게 해주고 싶은 이야기를 쓸 수 있어서 행복했고, 아들이 책 쓰는 걸 도와주어 좋았다. 아들은 두 가지 사항을 지켜주길 당부했다.

"짓지 말고 쓰세요."
"잘 쓰려고 하지 말고, 그냥 있는 대로 쓰세요."[20]
아들이 한 첫 번째 당부다. 쓰고 싶은 대로 마음껏 쓰라니 든든하다.

"Spring has come. But I can't see it. 만 잊지 마시고요."
"스프링 해즈 컴이 먼저 나와야 돼요."
아들이 한 두 번째 당부다. 언어학 강의에서 배운 개념이라고 한다.

---

20) 이오덕 선생님의 책에 나오는 말들

기억나는 언어학 실험내용을 정리하면 다음과 같다.

길거리에 한 사람이 앉아 있다. 이 사람의 앞에는 돈을 넣을 수 있는 모자가 놓여 있고, 모자 옆에는 열댓 문장의 글을 매직으로 써놓은 박스가 있다.

총 두 번의 실험을 진행하는데, 두 실험의 모든 조건은 똑같다. 박스에 쓴 글의 전체내용 역시 완전히 똑같다. 달라지는 조건은 딱 하나로 글의 첫 번째 문장과 두 번째 문장의 순서만 서로 바꾼다.

1. Spring has come. But I can't see it.
   (봄이 왔습니다. 하지만 저는 볼 수 없습니다.)
   첫 번째 실험에서는 봄이 왔습니다(Spring has come)가 먼저 나온다.

2. I can't see. And spring has come.
   (저는 볼 수 없습니다. 그리고 봄이 왔습니다.)
   두 번째 실험에서는 저는 볼 수 없습니다(I can't see)가 먼저 나오고.

두 실험의 결과는 차이가 날까? 차이가 난다면 어느 쪽이 돈을 더 많이 받게 될까? 실험 결과, 첫 번째 실험에서 두세 배 더 많은 돈을 받았다.

"스프링 해즈 컴이 먼저 나오는 게 더 효과적이에요. 이건 과학입니다. 인지과학."

아들의 뇌리에 가장 깊이 남아 있는 건 교수님이 말해준 '인지과학'이라는 단어라고 한다.

아들은 '희망을 먼저 이야기하면 메시지를 더 효율적으로 전할 수 있다'라고 실험결과를 해석하고, 희망부터 써주기를 주문했다.

"엄마 글은 살아 있어서 좋아요. 그래서 원본을 보존하면서 쓰고 있어요."

마치 자연훼손 하지 말고 보존하라는 말과 같다.

"엄마는 최고 작가예요."

글이 좋아지고 있다는 아들의 찬사에 신이 난다. 조언을 생각하며 쓰니 혼자 쓸 때보다 더 재밌고. 봄이 오고 있다. 살고, 쓰고, 사랑하자.

20220210

매일 열 줄 글쓰기 습관 20년

22년 전, 인터넷슈퍼에 들러 15만 원어치 생필품을 샀는데, 다음 달에 4,300원을 캐시백 받았다. '4,300원의 원천'이 궁금해서, 소비에 대해 공부하며 소비정보를 알리니 6개월 만에 16년차 교사봉급보다 많은 돈을 받게 되었다. 매일 사용하는 생필품에 무궁무진한 돈이 있다는 걸 알게 되었고, 그 뒤로 날마다 심마니가 산삼을 발견한 것처럼 "심봤다."를 외치는 기분으로 살았다.

소비정보를 알리기 시작한 지 1년 만에 교사봉급의 두 배 소득이, 1년 반 만에 억대연봉이 됐고, 2년 반 만에 전업한 뒤, 2022년 현재까지 억대연봉을 받고 있다.

2020년 1월 1일부터 2020년 12월 31일까지 지난 60년 동안 감사한 이야기들을 쓴 결과 400편의 스토리가 됐다. 400편이 아니라 4,000편도 쓸 수 있을 정도로 이야깃거리가 많았다.

생필품소비를 통해 소비연금을 만들었고, 소비가 직업이 되니 원하는 일들은 뭐든 할 수 있게 됐다.
'인생은 60부터'라는 말을 실감한다. 결혼해서 애 낳을 필요도 없고,

직장 다니느라, 승진하느라 애태울 필요도 없으며, 돈 벌기 위해 안달복달하지 않아도 되는 지금이 좋다. 퇴직 걱정 없는 평생직업이 있고, 함께 평생여행 다닐 수 있는 평생친구들이 있으며, 이 친구들과 평생건강을 위해 공부하고, 정보 나누고, 생필품소비 하고 있는 지금이 좋다.

국민연금공단에 20년 동안 매달 평균 25만 4,000원씩 불입한 대가로는 예순둘부터 매달 50만 원씩의 국민연금을 받게 된다. 하이리빙에서 20년 동안 꾸준히 소비하며 매일 열 줄 일기를 쓴 대가로는 매달 1,000만 원씩의 소비연금을 수령하고 있고. 소비와 연결공유가 평생직업이 된 것이다.

생필품소비는 누구나 하고, 글쓰기도 많은 사람들이 하지만, 생필품소비에 대한 글을 지속적으로 쓰는 사람은 드물다. 매일 생필품소비에 대한 글을 쓰다 보니 매일 돈이 된다. 경험상 매일 열 줄 글쓰기 10년 하면 소비연금 1,000만 원이 된다.

6 좋은 시대

20201005

가황 나훈아 콘서트

2020년 추석의 최고화제는 단연코 가황 나훈아였다. 15년 만에 텔레비전에 출연하여, 2시간 30분 내내 엄청난 카리스마와 에너지로 무대를 장악하는 그의 모습에서 눈을 뗄 수가 없었다. 일흔넷이라는 나이가 믿어지지 않았으며, 투철한 자기관리와 프로의식이 느껴져 감동이었다.

나훈아는 코로나 장기화로 지쳐 있는 국민들을 위로하고, 힘을 주기 위해 이번 콘서트를 기획했고, 무보수로 출연했다. 왜 그가 가황이라고 불리는지 알게 됐다. 그에게는 철학이 있다.

아무리 돈이 많아도 무보수로 출연하는 건 정말 쉽지 않은 일이다. 그가 이토록 자유로울 수 있는 이유가 궁금해 정보를 찾아보니, 음악을 통해 매년 5억~6억 원의 인세소득을 얻고 있었다.

부러운 마음으로 나훈아의 작품들을 찬찬히 들여다봤다.

- 인생
- 사랑
- 고향
- 아픔

그는 누구나 보편적으로 공감할 수 있는 감정과 테마들을 평생 노래해 왔다.

연금성 소득 5억~10억 원을 받고 싶다.

- 언택트(Untact)
- 온라인소비
- 재택근무

요즘 시대의 트렌드들이다. 네트워크마케팅 사업은 가장 트렌드에 맞는 사업이기에, 그릇의 크기만 키울 수 있다면 내가 수령하는 연금성 소득은 가면 갈수록 커질 수밖에 없다.

나훈아처럼 나이가 들수록 아우라를 더해가는 삶을 살고 싶다. 희망과 용기를 선물해준 가황에게 감사드린다.

20201120

문맹의 기준

SNS(Social Network Service, 사회관계망 서비스) 시대와 평생교육에 감사드린다. 60세 딸, 85세 어머니, 105세 할머니의 일생에 대해 생각해 본다. SNS가 없다면 지금 어떻게 살고 있었을까?

- 스마트폰으로 글 쓴다
- 스마트폰으로 검색한다
- 스마트폰으로 공부한다
- 스마트폰으로 공유한다
- 스마트폰으로 쇼핑한다

하루 중 거의 대부분의 시간을 스마트폰을 하며 보낸다.

- 네이버 블로그
- 카톡
- 밴드(BAND)
- 줌(Zoom)
- 페이스북

- 인스타그램
- 파워포인트
- 이메일
- 유튜브

스마트폰에 노트북과 데스크탑까지, 기기 서너 개를 동시에 열어놓은 채 이곳저곳 옮겨 다니며 일을 한다. 또래들보다 일찍 스마트폰을 활용한 덕택에 부자가 됐고, 지금도 현역으로 일을 하고 있다.

"밴드로 들어오세요."
"줌에서 만나요."
말해도 못 들어오는 분들이 있고, 프로필에 이름을 쓰고 사진을 올리라 해도 못 하는 분들이 있다. SNS 시대에 프로필은 대문이자 문패인데, 안타깝다. 어릴 적에 본 우리 할머니의 모습이 떠오른다.

1910년대생이신 할머니는 한글을 모르셨기에 혼자서 버스도 못 타셨다.
'광주행'
'서울행'
차가 어디로 가는 건지 몰랐기 때문이다. 얼마나 답답하셨을지 생각만으로도 너무나 안쓰럽다.

1930년대생이신 우리 어머니는 영어를 모르신다. 아파트 이름도 대부분 영어로 붙이는 시대에 얼마나 막막하실까?
"스타벅스에서 만나요."
"맥도날드로 들어오세요."
영어를 모른다면 찾아가기 정말 힘들 거다.

1960년생인 나는 SNS를 모른다. 우리 세대는 중학교까지 의무교육을 받은 덕택에 한글과 영어는 기본으로 할 줄 알지만, 스마트폰과 SNS는 쉰이 넘어 접하기 시작한 문물이라 잘 못쓴다.

  할머니는 한글을 몰라 버스를 못 타셨고, 어머니는 영어를 몰라 집을 못 찾으시며, 나는 SNS를 몰라 정보를 못 찾는다. 모두 문맹이다. 아들딸과 손녀손자에게는 내가 안쓰러운 어머니, 할머니일 거다. 끊임없이 새로운 세상을 가르쳐준 하이리빙에 감사드린다.

20220118

시아버님 앞에서 사업설명

세월은 흐르고, 사회적인 인식들도 바뀌어 간다. 누구도 세상에 홀로 존재할 수는 없으며, 시대적 분위기와 시대적 맥락이라는 것도 분명히 존재한다.

- 나의 비전
- 당시의 시대적 한계

따라서 이 둘 사이의 낙차를 버티며 끊임없이 메꿔 나가는 게 성공의 핵심이다.
'어디서 그런 용기가 났을까?'
시아버님 앞에서 사업설명 했던 때를 생각하면 죄송하고 숙연해진다. 마음의 준비가 되어있지 않은 아버님께 막무가내로 말씀드려서 죄송한 동시에, 너무나 간절했던 그 시절의 내모습이 떠올라 숙연해진다.

나는 아버님에게 특별한 며느리였다. 남편의 마음에 드는 여자가 있어도 아버님 마음에 들지 않으면 결혼을 할 수 없었다. 40여 년 전의 7대 종손 며느리는 그런 위치였다. 결혼 후, 숙모님들께 인사를 드리는 자리였다.
"자네가 얼마나 귀한 며느리인 줄 아는가?"
"자네가 우리 집에 들어오기까지 얼마나 힘들게 고른 줄 아는가? 아마 200번은 선을 보았을 걸세."
그때 느낀 종부로서의 부담감은 지금도 잊을 수가 없다.

1985년 3월 31일에서 4월 1일로 넘어가는 자정, 남편은 결혼한 지 3주 만에 최전방 비무장지대에서 근무하기 위해 내 곁을 떠나갔다. 나는 서울시 보건교사 신규임용을 기다리고 있었는데, 그동안 시댁의 풍습을 익히기 위해 남편 없이 시부모님과 6개월을 함께 살았다.
1985년은 부동산중개사 시험을 시행한 첫 해였고, 8월에 시험이 있었다. 2차 시험도 없었고 응시만 하면 거의 다 붙던 때라 한 번 도전해 보고 싶었지만, 아버님은 복덕방은 천직(賤職)이라며 시험조차 못 보게 하셨다. 그 정도로 고정관념이 심한 분이셨다.

"아버님, 제가 사업을 하려고 하는데 한 번 들어봐 주세요. 40분 정도 걸리니 아무 말씀 마시고 그냥 들어봐 주세요."
아버님은 소파에 앉아계셨고, 나는 바닥에 무릎을 꿇은 채로 시대의 흐름과 유통구조, 수익구조까지 차례대로 설명 드렸다. 아버님이 무서워 40분 내내 의자 위에 얹어 놓은 작은 화이트보드만 보고 강의했는데, 화가 나 어쩔 줄 몰라 하시면서도 끝까지 다 들어주셨다.
"앞으로 1년 동안은 사업에 집중해야 하기 때문에 자주 내려올 수 없습니다. 추석과 설, 아버님 생신과 어머님 생신, 이렇게 네 번만 오겠습니다."
일종의 선전포고를 한 거였다. 타지에서 부업으로 사업을 진행했기에 시간이 부족해 결단을 내려야만 했다.

- 마흔이라는 젊은 나이
- 사업 초기 열정

두 가지가 합쳐졌으니 당연히 에너지를 통제할 수 없었다. 엄청난 용기를 낼 수 있었던 이유다.

아버님 앞에서 화이트보드를 펼쳐놓고 사업설명을 하고 난 뒤로는 무서운 사람이 없어졌다. 높고 험한 산을 한 번 올라갔다 오면 웬만한 산은 동네 뒷동산처럼 느껴지는 것과 같은 원리다. 아버님께 했던 사업설명은 지금까지 한 사업설명 중 가장 힘든 것이었다.

함께 하와이여행 했던 시절, 남편의 졸업식에 참석하기 위해 미국에 오셨다가 귀국하시는 길에 찍은 사진이다. 아버님의 가장 큰 자랑인 맏아들의 아내가 이상한 사업을 하겠다고 했을 때, 난감해하시던 모습이 생생하다. 아버님, 죄송합니다.

우리가 결혼한 1985년도에 찍은 시댁 가족사진, 당시 아버님 연세가 쉰넷이었으니 지금의 나보다 훨씬 젊으셨다. 그 시절에는 많은 사람들이 부동산중개사를 천직이라 여겼고, 보험설계사에 대한 사회적 인식 역시 좋지 않았다. 돌이켜보니 감회가 새롭다. 앞으로 30~40년 뒤, 네트워크마케팅에 대한 사회적 인식은 어떻게 변할까? 시간과 낙차를 견디며 소비연금 1,000만 원을 만들었음에 감사드린다.

20220121

달님에게 사업설명

고생한 이야기 몇 편 있으면 더 좋을 것 같다는 북코디네이터 분의 조언 덕택에 귀한 글 한 편을 더한다.

줌(Zoom)미팅을 하며 하늘을 올려다보니 섣달보름달이 떠 있었다. 부산에서 서울까지 올라오는 동안 함께해준 달님이 떠올랐다.
　오후 8시부터 두 시간 강의를 하고, 30분 애프터미팅까지 마친 뒤, 노포동터미널에 도착해 심야버스에 올라탔다. 버스가 시야에서 사라질 때까지 장혜영, 김인순 사장님은 손을 흔들어주셨고, 마지막에는 하트 표시를 하고 서 계셨다. 고마운 분들, 귀한 인연이다.
　노포동발 동서울행 막차는 오후 11시 30분에 출발하여 새벽 3시 10분에 도착했다.

겨울막차에는 승객 서너 명이 전부였는데 사람이 적어 차 안이 추웠다. 심야버스를 탈 때는 신문지이불을 챙기는 게 나의 노하우다. 신문지가 무릎담요나 머플러보다 더 따뜻하고, 부피가 적어 휴대하기에도 간편하다.
　버스좌석은 드러눕기에도 애매하고, 앉기에도 애매해서 둘의 중간자

세인 '누워 앉아 자세'로 온몸에 신문지이불을 둘둘 말고 있었다. 의자 각도를 90도와 180도 사이의 130~140도 정도로 하고, 화상환자에게 드레싱하듯이 온몸을 신문지로 꼼꼼하게 칭칭 둘러쌌다. 피부에 바람이 들어가면 아릴 정도로 너무나 추웠기 때문에 손끝, 발끝까지 빈틈없이 신문지로 에워쌌다.

"많이 춥겠어요. 많이 불편하겠어요."

창밖을 올려다보니 달님이 쳐다보고 있었다.

"예. 그런데 달님, 꿈이 있으면 이게 더 편해요. 따뜻한 잠자리에 누워 있는 것보다 꿈이 있는 사람들을 찾아 어디라도 다니는 게 훨씬 편해요."

"달님, 하이리빙 아세요? 미래의 사이버 대형마트랍니다. 곧 사라질 오프라인 대형마트를 대신할 마트를 사이버공간에 차리는 건데요, 사람들이 아직 이해를 못 하네요. 부산에 제 마트를 선점하고 지금 올라가는 길이죠."

지방에서 올라올 때면 선산휴게소에 들러 10분 동안 정차했는데, 화장실을 가자니 추워서 밖에 나갈 엄두가 나지 않고, 그냥 참고 오기에는 먼 거리여서 늘 고민이었다. 버스에서 화장실까지 가는 1~2분이 완전 시베리아였다. 가만히 있어도 이가 달달달 부딪치고, 온몸이 으슬으슬 떨렸다.

"달님, 나도 따뜻한 방에서 잠옷 입고 자도 되는데 왜 이렇게 힘들게 살고 있는 걸까요?"

달님은 대답해주지 않은 채, 서울까지 올라오는 내내 지그시 바라보기만 했다.

"오늘을 맞이하기 위한 기다림이었지요. 소비연금학교를 위한 기다림. 그동안 참 수고 많았어요."

10여 년 만에 다시 만난 달님은 따뜻하게 말해줬다.
"덕택이에요. 모든 분들 덕택. 감사합니다."

그때와 비교하면 시대가 또 많이 바뀌어서 지금은 SRT와 줌과 밴드(BAND)가 생겼고, 나는 블로그와 카톡을 더 잘 활용할 수 있게 됐다. 심야버스에서 신문지이불을 덮고, 추위에 떨던 시절의 일들은 어느새 전설이 되었다.

달님을 뵈니 '이런 전설 같은 이야기들이 모여 지금의 소비연금이 된 거구나.'라는 생각이 들어 감회가 새로웠다. 추운 겨울새벽, 묵묵히 곁을 지켜준 달님에게 감사드린다.

7 좋은 생각

20190419

뿌리와 정체성

모처럼 동심으로 돌아가 재미나게 놀았다. 아이들과 함께 놀다 보니 아이가 된다. 재잘거리고, 뒹굴고, 걸으며 집중해서 놀다 보니 친구가 된다.

"나의 영어 선생님, 영어 가르쳐주세요."

"저 너무 어려서 선생님 할 수 없어요."

나는 한국어로 말하고, 미나는 영어로 말하며 어제 주고받은 대화다.

나는 조카들에게 한글을, 조카들은 나에게 영어를 알려줬다. 조카들은 한글의 기초와 구조를 전혀 모르는 무(無)의 상태다.

'나, 아빠, 엄마, 동생, 할아버지, 할머니, 큰아빠, 큰엄마, 오빠, 언니'

조카들에게 나와 가족부터 가르쳤는데, 가족의 성이 하(河) 씨여서 "하하하하." 웃으면서 알려줬다. 아이들의 모국어인 영어의 어휘를 활용해 한국어 단어를 가르친다.

- 가족 = family
- 뿌리 = root

이렇게 개념을 전달했다. 네이버 이미지에 들어가 뿌리를 검색해 직접 눈으로 보여주니 놀랄 정도로 재미있어하며 잘 따라 한다.
"우리는 한국인이며 너는 절대로 변할 수 없는 하 씨다."
가족의 공통점이자 접점인 성 씨에 역점을 두어 한국어를 알려준다. 조카들은 스펀지가 물을 빨아들이듯 한글과 한국어 개념들을 흡수했고, 하나를 알려주면 둘, 셋을 응용했다.

열한 살, 여섯 살 아이들이 큰엄마에게 영어를 가르치기 위해 고민한다.
"turtle."
"터틀."
내가 하는 turtle의 발음이 이상하다며 미나가 천천히 발음해준다.
"tu~ r~~ t~ le~~."
"터~~~ 트~~ 르~."
그렇게까지 해줬는데도 못 하니 답답해하며 알파벳부터 다시 따라 하라고 한다.
"A, B, C, D…"
"에이, 비, 씨, 디…."
안 되겠는지 엄마에게 쪼르르 달려가 어떻게 하면 큰엄마 영어를 잘 가르칠 수 있을지 차근차근 상의한다. 아이들의 교수법과 끈기에 감탄했다. 한자리에 앉아 서너 시간을 배우고, 배운 내용을 바로 수첩에 옮겨 쓰고, 메모를 보며 다시 한 번 복습하는 것만으로도 대단한데, 배운 내용에 대해 고민하고 응용하는 모습은 더 예쁘다.

'느려도 좋으니 아이들처럼 꾸준히 성장하고 싶다.'
'멈추지 않고 부단히 성장하는 게 가장 중요하다.'
함께한 일주일 동안에도 매일 성장하는 조카들을 보며 한 생각들이다.

뿌리가 깊고 튼튼해야 그 위에 줄기도 생기고, 잎사귀도 돋고, 꽃도 피고, 열매도 맺을 수 있다. 정체성과 자존감은 뿌리에서 나온다.

해나는 어떤 것을 배우면 수첩에 정리해 외우는 습관을 갖고 있다. 이런 좋은 습관을 나이 들어서도 지니고 있으면 계속 성장할 거다.

우리 집 앞 호수를 보며 '레이크(lake)'를 알려줬고, 호수보다 더 큰 개념인 '강(river)'과 강보다 더 큰 개념인 '바다'도 알려줬다. 해나는 '가족'을 쓰려다가 '가죽'이라고 써서 '가족'의 개념과 '죽'의 개념을 다시 가르쳐줬다.

아이들 덕택에 바다는 '씨(sea)'보다 '오션(ocean)'이라고 표현하는 게 더 잘 어울린다는 걸 알게 됐으며, 죽은 '수프(soup)' 대신 다른 단어가 더 적합하다는 것도 알게 됐지만 어떤 단어인지는 잊어버렸다.
"다음에 하자."
라고 말하니 해나는 '다흐매'라는 글자를 써서 나를 기쁘게 해줬다. 이런 자세로 배우면 가르치는 사람도 즐겁기에 하나라도 더 알려주고 싶어진다.

한글을 모르는 아이에게 하해나를 가장 먼저 알려줬고, 그 다음으로 엄마, 아빠, 동생을 알려줬다. 호수에 던진 돌 하나가 파문을 일으키는 것처럼 세계는 동심원을 그리며 커진다. 어떤 위대한 일도 시작점은 나다.

딸과 함께 연주하고 싶어 바이올린을 배우고 있는 막내시동생. 쉰이 다 된 나이에 바이올린을 시작한다는 게 쉽지 않은 일인데, 매일 아이와 음악으로 소통하는 막내시동생이 부럽고, 존경스럽다.

'독서 습관과 공부 습관', 좋은 습관을 지니고 있는 해나의 미래가 기대된다.

새벽에 일어나 석촌호수를 함께 산책했다. 호수에 있는 피아노를 연주한 해나는 집에 돌아와 행복해했다.
"호수를 거닐면서 벚꽃 눈까지 맞았어요. 축복의 시간이었어요."
어쩜 표현도 이렇게 예쁘게 하는지, 신기하고 놀랍다. 아이들을 보며 인간의 본질을 배운다.

20191227

2020년은 감사의 해

2020년은 경자생(庚子生)인 내가 회갑을 맞이하는 뜻깊은 해다. 그래서 감사의 해로 정해 1년 동안 365편의 감사 이야기를 만들며 보내기로 했다. 첫 번째 감사로 떠오른 건 '은퇴 걱정 없이 예순을 맞이함'이다.

"퇴직 6개월 남았네."

"나는 1년 남았어."

요 몇 년 새 친구들이 자주 한 말이다. 친구들은 유능하고, 아직 젊고, 에너지가 넘치는 인재들이지만 예순이 됐다는 이유로 퇴직을 해야 했다.

16년 전, 2003년 2월 말일자로 사직서를 냈다. 든든한 직장을 가진 남편이 있고, 내가 원해서 퇴직을 하는 건데도 두렵고 불안했다. 사직서를 제출하기까지 6개월 이상 불면의 밤을 보내며 퇴직은 취직보다 훨씬 더 어려운 일이라는 걸 알게 됐다.

덕택에 하이리빙이라는 평생직업을 준비할 수 있었으니 퇴직의 아픔을 일찌감치 경험한 건 행운이다.

갑자기 들이닥친 100세 시대, 매년 90만~100만 명의 베이비부머들이 퇴직을 하고, 코로나로 인해 청년들도 일자리가 없는 힘든 상황에서 평생현역으로 살고 있음에 첫 번째 감사를 드린다.

앞으로 365일 동안 매일 감사한 일만 찾고, 만들고, 생각하며 살아보자. 좋으면 1년 더 연장하고, 좋으면 1년 또 연장하자.

추운 겨울, 골프장에서 만난 작은 난로 하나가 몸과 마음을 녹여줬다. 난로 같은 사람이 되고 싶다.

'마지막 홀은 아무런 소득이 없습니다. 진정한 승부는 한 홀을 남긴 이곳에서...' [21]
내 인생은 지금 몇 홀 째인지, 진정한 승부란 무엇인지 궁금하다.

골프장은 붕어빵을 공짜로 제공해주는 감성마케팅을 펼쳤는데, 붕어빵 하나에도 행복하던 어린 시절이 그리움으로 밀려왔다.
그리고 내 눈에는 붕어빵틀이 계속 들어왔다. 따뜻하고 맛있는 붕어빵을 일정한 품질로 찍어내는 과정을 지켜보며 '나도 저 붕어빵틀처럼 성공자들을 척척 찍어내고 싶다.'고 생각했다.
건강을 주신 하나님께 감사드린다. 새로운 한 해를 선물해주심에 감사드린다.

---

21) 골프장에 있는 승부의 종(bell)에 써놓은 문구

20200828

딸의 자소서

"자소서가 중요해요."
로스쿨 자소서(자기소개서) 검토를 부탁하며 딸은 말했다.
'미치지 않고서야 엄마라는 사람이 어찌 그리 살 수 있었을까?'
딸의 자소서를 보며 든 생각이다. 내 일을 하는 것만으로도 늘 바빴기에 간식은커녕 밥도 못 해줬고, 과외나 픽업은커녕 거의 매일 집을 비웠으며, 수능시험을 보는지, 유학을 가는지, 취업을 하는지도 몰랐다. 지금 돌아보니 많이 미안하다.

나의 지난 꿈들이 떠올랐다. 간호대학을 다닐 때는 더 좋은 대학에 가고 싶어서 반수를 했고, 간호사로 일할 때는 교수가 되고 싶어서 대학원입시준비를 했으며, 보건교사로 재직할 때는 행정관리가 되고 싶어서 행정고시를 준비했다.
그러나 '시험에 낙방하게 되면 지금 갖고 있는 것들마저도 다 잃게 될 것만 같다.'는 불안감에 어떤 것도 놓지 못 한 채 두 가지 일을 동시에 했고, 그 결과 세 가지 꿈 모두 못 이뤘다. '비워야 채울 수 있다'는 기본원리조차 몰랐던 것이다. 젊은 나이에 대기업을 퇴사한 뒤, 로스쿨에 다니며 꿈에 도전하고 있는 딸이 대견하다.

핵심이 하나 더 있다. 간호사와 보건교사 시절에 배우고 익혀놓은 경험이 하이리빙으로 성공하는 데에 큰 힘이 되어주었다는 점이다. 딸이 지금까지 배우고 익혀놓은 경험 역시 그래줄 거라는 점이고.

- 생계를 유지하기 위한 삶을 넘어서고 싶다
- 꿈을 이루는 삶을 살고 싶다
- 부모와 아이들이 동반성장 하는 가정을 만들고 싶다
- 명문가가 되고 싶다

이 모습들을 꿈꾸며 열심히 살았다.

딸의 자소서에는 치열하게 살아온 삶의 흔적과 내가 모르는 딸의 자취들이 담겨 있어서 소중하다. 딸에게 힘이 되는 엄마가 되고 싶어 나의 자소서를 쓰고 있다. 가장 중요한 학창 시절에 뒷바라지를 못 해줬음에도 불구하고 잘 자라준 딸이 고맙다.

20200828

맏며느리 종부로서의 삶

사람은 다양한 감정을 느끼며 성장해나간다.

남편을 따라 전국 방방곡곡을 쫓아다니면서 주말부부로 지냈고, 종부 스트레스와 맞벌이 스트레스도 많이 받았으며, 가난으로 인한 어려움도 많이 겪었다.

- 군인가족이 아니라면
- 종부가 아니라면
- 맞벌이가 아니라면
- 가난하지 않다면

그래서 젊은 시절엔 '이 네 가지 중 한 가지만이라도 해당되면 참 좋을 텐데.'라는 생각을 많이 했다.

60이 되어보니 '부잣집 막내며느리로 산 삶도 좋지만 가난한 집 종손 며느리로 산 삶도 괜찮다.'는 생각이 든다. 20여 명의 가족들이 20평도 안 되는 좁은 집에 모여 제사를 자주 드렸다.

'제사를 지내는 종갓집은 큰 집이어야겠다.'

'여러 사람이 모이려면 큰 집에서 살아야 하니 부자가 되어야 한다.'
발 뻗을 공간도 없이 비좁은 곳에 앉아서 이런 생각들을 했기에 열심히 살았고, 부자가 될 수 있었다.

한 지역에서 안정되게 60년을 산 삶도 좋지만, 서른 곳이 넘는 집에서 산 삶도 괜찮다. 산속과 바닷가, 농촌과 대도시에서도 살아본 덕택에 다양한 추억을 쌓을 수 있었고, 풍부한 이야깃거리들은 '소비연금 이야기' 책을 쓰는 데에 최고의 동력이 되어주고 있다.

2014년 9월 19일 금요일 자정, 한 분으로 인해 형성된 혈연의 조직이 순간 만났다가 흩어진다.

첫째 아들
국방대학원 동기회
금호고 동기회
육사 동기회
하이리빙 근조

둘째 아들
광주시장 근조
송우초등학교 근조
전라남도도청 노동조합 근조

셋째 아들
광주광역시 의사회
광주시립교향관 근조
재휠의학회 근조

십여 기의 조기들과 수백 개의 화환들 역시 이틀 동안 모였다가 헤어진다.

'어머님 상에 이어 두 번째로 만난 근조기들, 다시는 이 조기들이 한 자리에 모일 날은 없겠지. 어머님 장례식에 오셨던 외가댁 분들의 모습을 이번엔 뵐 수가 없듯이.'

'아버님께서 돌아가셨으니 다시는 못 볼 분들도 많으리라.'

'아버님을 중심으로 이어온 인연의 끈들이 오늘을 기점으로 서서히 끊어져 간다.'

'세월 속에 기존의 가족이 해체되고, 또 새로운 가족이 형성되어가는 게 삶이겠지.'

하나씩 사라져가는 근조기를 보며 참으로 만감이 교차했다.

종조부님, 대전 상국삼촌부부, 상수삼촌, 이서할아버지댁 정희고모, 치호삼촌, 일흔셋이 되신 둘째숙모님, 예순일곱이 되신 셋째숙모님, 아버님의 형제 중 유일하게 살아 계신 고모님 부부. 중학생이던 아가씨, 도련님들이 40대가 되었고, 대학생이던 시동생 친구들이 50대 아저씨가 되어 다시 만났다.

20여 년 전, 송연 아가씨가 KBS 방송에 매일 나온다고 했는데, 바쁘다는 이유로 아가씨가 TV에 나오는 모습을 보지 않았다. "우리 큰자부, 우리 큰자부."하시며 나를 끔찍이도 아껴주신 셋째숙부님의 피붙이인데, 뭐가 그리 바쁘다고 한 번도 안 봤는지 아쉽고 미안하다. 함께할 수 있는 건 찰나의 순간뿐이니 있을 때 잘하는 수밖에 없다.

고모님의 큰아들도 수원에서 약국 근무를 마치고, 삼촌의 마지막을 뵙기 위해 자정이 넘은 시각 도착했으며, 고모님댁 막내딸도 아이들 셋과 신랑, 시아버님까지 같이 왔다.

가족들은 서로 옛날이야기를 주고받느라 일어날 줄 몰랐다. 어릴 적

추억을 공유할 수 있는 자연스러운 모임이 좋은 거고, 시간을 내서 따로 만날 수 없기에 장례식장에서라도 만난 게 좋은 거다. 언제 또 만날 수 있을지 기약할 수 없으니 헤어지기가 아쉬운 거고.

'이게 바로 혈연이고 가족인데.'

종부가 아닌 다른 사람들 눈에도 이런 것들이 보일까?

다채로운 감정을 느낀 덕택에 성장할 수 있었으니 종손며느리, 맏며느리로 살았음에 감사드린다. 가난했음과 군인가족이었음과 맞벌이었음에도 감사드린다.

20200907

사업 초기 세 사람의 사랑

　예순이 되어서도 계속 일할 수 있음에 감사드린다. 남들은 전업으로도 하기 어려운 사업을 부업으로 시작해 평생직업으로 만들었으니 축복받은 인생이다.
　사업의 ㅅ자도 모르던 사람이었다. 사람들이 "사장님."이라고 부르면 어색해서 "저 사장 아니에요. 그렇게 부르지 마세요."라고 하던 내가 네트워크마케팅 사업으로 성공할 수 있었던 건 여러 분들 덕택이다. 그중에서도 사업 초기에 도움을 주신 세 분의 역할이 컸는데, 가정에서는 아버지, 직장에서는 두 분의 교장선생님이다.

　석사학위 논문을 쓰던 중, 하이리빙 사업설명을 듣게 됐다. 대여섯 번 들어보니 괜찮은 것 같아 아버지께 검토를 부탁드렸다. 공교롭게도 난생처음 사업을 접한 2000년 8월은 아버지가 정년퇴직을 하신 달이다.
　사업설명을 들으며 '아버지께서 퇴직 후에 하이리빙을 두 번째 직업으로 하셨으면 좋겠다.', '하면 잘 하시겠다.'는 생각이 들었다. 딸을 위해 네 번 강의를 들으신 후, "괜찮은 사업이지만 안 했으면 좋겠다."고 하시며 학교 근무 잘 하고, 아이들 잘 기르고, 남편 내조에 전념하길 바라셨다.

하지만 막상 사업을 하기로 결단하고 나니 가장 적극적으로 도와주신 분도 아버지셨다. 집 안의 모든 생필품을 하이리빙으로 바꿔 소비하라고 알려주셨고, 바빠서 가족행사에 참석하지 못 해도 이해해주셨으며, 늘 기도로 후원해주셨다.

학교에서의 아버지는 교장선생님이었다. 방학 중 일직을 하기 위해 학교에 나간 날이었는데, 교장선생님께서 걱정스러운 표정으로 '얼굴에 고민이 있어 보인다, 집안에 무슨 일 있는 거냐'고 물어보셨다. 강의를 들으러 서울까지 왔다 갔다 하느라 바쁜 근황을 설명했고, 사업 관련 비디오테이프 '제4의 물결'을 건네며 검토를 부탁드렸다. 테이프를 두세 번 보신 뒤, 괜찮은 사업 같으니 한 번 해보라고 하시며, 교사들이 가난하니 사모님들도 함께하면 더 좋을 거 같다고 조언도 해주셨다.
세미나를 다녀오거나 책을 읽고 나서는 시대의 흐름에 대해 이야기해 드렸고, 하이리빙 수당이 오를 때마다 놀라서 알려드리면 자신의 일처럼 함께 기뻐해주셨다.

1년 후, 새로운 교장선생님이 오셨다. 부임 3일째 되는 날, 교장실에 찾아갔다. '군인가족이기에 두 집 살림을 하다가 아이들을 혼자 키우기 힘들어 대전에 내려오고 보니 이제는 세 집 살림을 해야 할 상황이 되었다. 공무원연금 대상이 되면 퇴직을 할 거고, 하이리빙 사업은 퇴직 후에 할 예정이다'라는 현황을 설명했다. 부업으로 진행하고 있는 하이리빙 사업에 대해서도 상세히 말씀드리니, '솔직히 말해줘서 고맙다, 본인도 젊은 시절에 교직과 사업을 놓고 고민한 적이 있다, 한 번 열심히 해보라'고 하셨다. 학교나 교장선생님께 염려를 끼치지 않겠다고 약속드렸다. 도서벽지학교라 가족적인 분위기였다.
"선생님, 하이리빙미팅이 어느 요일이지요?"
직원회식을 정하기 전, 미팅날짜를 먼저 확인하셨다.

'얼른 나가셔요, 살짝 나가셔요, 늦게 나가면 주말이라 차 막혀요.'

세미나가 있는 토요일에는 다른 선생님들의 눈을 피해 눈짓, 고갯짓을 하시곤 했는데, 그럴수록 죄송해서 나올 수가 없었다. 외롭고 어려웠던 사업 초기, 베풀어주신 배려를 생각하면 지금도 눈물이 난다.

사업에 미쳐 몸만 학교에 있지, 마음은 늘 사업에 가 있는 내가 마음에 안 드는 부분도 분명 많으셨을 텐데, 두 분 교장선생님께서는 내색 한 번 하지 않으시고, 그저 묵묵히 지켜봐주셨다. 결국 공무원연금 1년 반을 못 채우고 퇴직한다고 했을 때는 다시 한 번 생각해보라며 사직서를 받아주지 않으셨다. 마지막 순간까지 말리신 그 사랑이 세월이 흐를수록 더욱 크게 느껴진다.

당시 세 분의 나이가 지금의 내 나이였으니 충분히 사업을 하실 수 있는 젊은 나이였음에도 불구하고, 세 분께 후원을 받기만 했을 뿐, 후원을 해드리지는 못 했다. 이 점이 아쉽다. 하이리빙이 이렇게 큰 사업인 줄도, 내가 이렇게 오래하게 될 줄도 그때는 미처 몰랐다.

나의 최고 VIP 고객인 세 분의 관리를 등한시한 채, 사업자 컨택에만 집중했다. 아버지와 교장선생님의 사모님부터 챙겼어야 했다. 하이리빙의 좋은 제품들로 건강관리 하는 방법만 알려드렸어도 건강하셨을 텐데, 죄송하다.

20200914

거절과 기회

영원히 끝나지 않을 것 같던 장마와 무더위가 물러가고 가을이 찾아온다. 예순이라는 나이가 사계절 중 가을이라는 느낌이 든다. 설렘과 질풍노도, 열정의 시기를 지난 후 맞이하게 되는 감사의 시간이라는 느낌도 들고.

가장 큰 비전과 기회를 준 건 거절이며, 20년 전 친구의 편지를 받은 건 행운이다.
'충청남도 논산시 두마면 남선리'
당시 내가 살던 곳인데, 친구는 한 시간 분량의 강의내용을 A4용지 일곱 장에 정성껏 써서 우리 집으로 부쳤다.
'친구가 하이리빙 사업을 전달한 모든 사람들이 받아들였다면 당연히 가족 혹은 동료교사처럼 '자신과 가장 가까운 사람들'과 사업을 진행했을 거다. 그럼 나에게는 하이리빙을 알아볼 기회조차 주어지지 않았을 텐데, 이 시골까지 정보가 왔다.'
편지의 행간에서 친구가 당한 수많은 거절을 느꼈고, 거절 속에 숨어 있는 비전을 봤다.

친구는 마흔둘에 교직을 그만뒀고, 마흔다섯에 하이리빙 사업도 은퇴했지만

- 매달 250만 원을 받고 있다
- 연말에는 연간성취 보너스 400만 원을 받고 있다

지금도 하이리빙에서 공무원연금만큼의 소비연금을 수령하고 있다.

'만약 거절이 없었다면 어땠을까?'
'말하는 족족 사람들이 다 알아들었다면 어땠을까?'
'하이리빙을 알아들은 사람들이 포기하지 않고, 전부 다 사업을 잘했다면 어땠을까?'
일어날 수 없는 일이 일어나길 바라며 상처를 받았으니 우스꽝스럽지만 그때는 정말 아팠고, 지금도 여전히 아프다.
여섯 가지 질문들을 통해 거절이 지닌 속성을 알아보겠다.

사람들은 왜 거절할까?
- 하이리빙은 다단계피라미드라는 부정적인 인식을 가지고 있기 때문이다
- 사람들은 왜 하이리빙은 다단계피라미드라는 인식을 가지고 있을까?
- 다단계피라미드 업체가 많기 때문이기도 하고
- 내가 다단계피라미드처럼 사업을 했기 때문이기도 하다
- 왜 다단계피라미드처럼 사업을 할까?
- 의식이 성장하는 속도보다 돈이 벌리는 속도가 더 빠르기 때문이다
- 정신세계와 물질세계 사이의 불균형으로 인해 일어날 수밖에 없는 필연적 현상이다

사업인지조차 모르고 한 슈퍼 바꾸기를 통해 4,300원을 캐시백 받았고, 신기해서 소비하는 제품의 가지 수를 늘리니 다음 달에는 22,000원을 돌려받았다. 자랑하며 다른 사람들과 함께 소비하니 다음 달에는 10만 원, 다음 달에는 55만 원을 수령했다. 4,300원에서 500만 원을 받기까지 만 1년이 걸렸고, 억대연봉을 수령하기까지는 1년 반이 걸렸다.

돈이 되니 사람들이 구름떼처럼 몰려들었으며, 사람들이 모이니 돈은 더욱 늘어났다.

김밥 한 줄 사 먹을 겨를도 없이 바빴기에 돈은 계속 모였는데, 그랬다는 건 공부할 시간과 생각할 시간도 동시에 없었다는 뜻이다. 많은 사람들이 초심과 중심을 잃기 시작했고, 월 1,000만~2,000만 원 받는 것도 적다고 느껴, 더 큰돈을 좇아 다른 회사로 옮겨가거나 새로운 회사를 만들어 떠나갔다. 돈이 벌리는 게 시스템 덕택인지, 자신의 실력 때문인지조차 분간하지 못 한 건데, 의식이 성장하는 속도보다 빠른 속도로 벌리는 돈은 결국 독이 된다.

누가 거절할까?

모두 다. 나의 변화된 삶을 보면서도 스스로 찾아온 사람은 없었다. 남편의 7년 선배님의 부인, 6촌 고모님의 아들, 두 사람은 직접 찾아왔지만 중도에 포기했다.

가장 생각나는 거절은?

'남태령에서 동기생 가족, 후배 간호장교, 동서, 시동생, 형님, 남동생, 올케'
수많은 거절을 당했지만 다 잊어버렸다.

- 언니, 동생에게 거절당한 파트너
- 동기생에게 거절당한 파트너

- 배우자에게 거절당한 파트너
- 아들딸, 아내에게 거절당하고, 멕시코로 떠나버린 바람사나이

가장 아프고 힘든 건 파트너들이 거절당하는 모습을 지켜보는 거다.

사람들은 어떻게 거절할까?

매몰차게, 단호하게, 에둘러서, 확실하게. 하이리빙 사업이 아니었다면 도저히 겪지 못 했을 반응들을 경험했다.
'심리학, 역사, 경제, 경영, 돈, 철학, 인문학, 건강과 뷰티, 마케팅' 덕택에 인생공부 했고, 성공할 수 있었다.

사람들은 언제 거절할까?

항상. 거절은 계속된다. 단지 거절에 대한 나의 태도가 달라졌을 뿐이다.

- 모든 사람을 컨택해야지
- 하면 된다
- 세상에 안 되는 게 어딨어?

과거에는 이렇게 생각했다.

- 정직하고 성실한 사람
- 꿈이 있는 사람
- 공부하는 사람
- 인간관계를 잘하는 사람
- 21세기마인드를 가진 사람
- 이런 사람들을 골라서 컨택해야지

지금은 이렇게 생각이 바뀌었다.

- 소비자로 할 것인지
- 소개를 받을 것인지
- 사업을 가르쳐줄 것인지
- 아예 열외로 뺄 것인지

체계적으로 분류를 할 수 있게 됐다. 네트워크마케팅은 21세기 유망산업이자 전문직이다. 실력과 마인드, 끈기를 동시에 갖춘 사람만이 전문가가 될 수 있으니, 한정된 시간과 열정, 에너지를 '성공확률이 높은 사람'에게 집중투자 한다.

- 일광
- 삼광
- 팔광
- 똥광
- 비광

'마흔여덟 장 화투 패 속에 숨어 있는 오광(五光)을 발굴하는 사업'
돈을 벌고 싶어 하는 수많은 사람들 중에서 '꿈과 열정이 있는 리더'를 찾는 일이 바로 하이리빙 사업이다.

거절이 없다면 성공할 수 있을까?
아니. 곡식이 열매를 맺기 위해서는 햇빛뿐만 아니라 비와 바람, 구름, 더위, 추위도 필요하며, 이런 자연의 이치는 리더의 성장과정에도 그대로 적용된다. 호된 거절들이 고개 숙인 벼로 만들어주고, 거센 폭풍우에도 쉽게 꺾이지 않는 뿌리 깊은 나무가 되게 해준다.

모든 사람이 거부감 없이 받아들이는 분야는 '누구나 다 알고 있다'는 뜻이기에 이미 레드오션이다. 따라서 수긍은 기회도 아니고, 비전도 아니다. 사람들이 거부감을 느끼는 분야가 블루오션이며, 거절이 곧 기회고 비전이다.

거절이 없었다면 어땠을까? 지방에 살고 있던 나에게 하이리빙이라는 최고급정보가 전해졌을까? 지금만큼 많은 열매를 맺고, 크게 성공할 수 있었을까?

20201005

두 차례 방송출연

한 번뿐인 인생, 다양한 경험을 했음에 감사드린다. 스물다섯에 서울시 공무원에 임용됐다. 공무원으로 계속 근무했다면 매일 9시에 출근해 5시에 퇴근하고, 매월 17일에 봉급을 받고, 예순둘에 정년을 맞이한 뒤, 공무원연금 350만 원을 수령하는 삶을 살았을 건데, 성격상 못 버텼을 거다.

- 안정
- 권태

두 개의 단어는 내 사전에서 동의어니까.

방송에 출연한 경험이 두 번 있다. '아스팔트 위의 작은 학교', TJB 대전방송이 제작한 2002년 스승의날 특집 다큐멘터리에 처음 출연했다.
'서울에서 근무하다가 장교남편을 따라 계룡대로 내려와, 대전의 유일한 도서벽지학교에서 한부모가정, 조손가정 아이들과 함께 지내고 있다'는 특이한 이력이 이야깃거리가 되었다.
2002년 3월~4월, 두 달 동안 김PD와 촬영기사 두 분, 우리 남선식구들 60여 명은 특별한 시간을 보냈는데, 그때의 가족적인 분위기가 지금도 눈에 선하다.

카메라만 돌아가면 내 표정이 굳어져 촬영하는 데 고생을 많이 했다. 45분 분량의 작품을 찍기 위해 김PD와 촬영기사 두 분은 매일 우리 학교로 출근해서 커피 마시고, 밥 먹고, 배식하고, 운동장에서 뛰고, 텃밭 가꾸며 함께 생활했다. 서로 친해질수록 더 자연스럽게 촬영이 됐다. 2001년 겨울방학이 시작하기 전에 다큐멘터리를 찍자는 제안을 받았고, 2002년 여름방학이 시작하기 전에 방송이 됐으니, 6개월 동안 도서벽지학교에서만 느낄 수 있는 독특한 행복을 만끽한 것이다.

'다단계 돈 되는가?', 2013년 채널A '웰컴 투 돈월드' 28회 특집에 나간 게 두 번째 방송출연이다. 진행자인 신동엽 씨를 비롯하여 대학교수, 변호사, 코미디언, 탤런트, 운동선수들과 함께한 자리였으며, 모두 이름만 대면 알 만한 유명인들이었다.

다단계피라미드 때문에 피해를 입은 분들이 많아서 공격적인 질문을 계속 던졌고, 마치 내가 가해자가 된 것만 같아 진땀을 흘리며 답했다. 그분들을 이해시킬 수는 없었지만 유명인들이 보여준 네트워크마케팅에 대한 부정적인 반응에서 희망을 봤다. 아직도 내가 할 일이 너무나 많았기 때문이다.

- 서울학교에서 도서벽지학교로 내려간 것
- 공무원에서 네트워크마케팅 사업으로 이직한 것

둘 다 쉽지 않은 일이었지만

- 남편을 성공시키고 싶다
- 시간과 돈으로부터 자유를 얻고 싶다

는 간절한 꿈을 이루기 위해 용기를 내서 도전했다.

한 달이 지나도 외부인 한 명 오지 않던 도서벽지학교. 바깥세상과 단절된 환경 덕택에 우리 남선 아이들에게만 집중할 수 있었고, 꿈을 찬찬히 들여다보는 것도 가능했다.

어느 날 깨닫고 보니 TV화면으로만 보던 사람들과 함께 방송을 하고 있었다. 드라마 같은 삶이다.

20201106

생각 좀 하며 세상을 보자

'생각 좀 하며 세상을 보자'
이건희 회장이 쓴 유일한 책의 제목이다. 1970년대 한국에서 살던 30대 청년은 어떤 심정으로 이 말을 했을까?

- 세상을 보는 눈
- 미래를 보는 눈
- 인간을 보는 눈

선진국 일본과 미국에서 공부했으며, 독서광이던 청년 이건희는 눈이 있었다.
30대에 '나부터 변해야겠다.'는 생각을 했다는 게 대단하고, 젊은 시절에 세상을 봤다는 게 부럽다. 청년 이건희에게 보인 세상은 어떤 것이었을까?

'좀'이라는 표현에서 안타까움과 인간에 대한 사랑을 느낀다.

어디서나, 누구의 간섭도 받지 않고, 돈 없이도, 나이 들어도 할 수 있는 게 있다. 생각이다.

- 왜 글을 쓰는가
- 어떻게 하면 좋은 생각을 할 수 있을까?
- 이 사람을 어떤 방법으로 돕지?
- 어떻게 이 분에게 꿈을 심어줄 수 있을까?

를 지난 20년 동안 생각했다.

'데이터, 경험, 역사, 이것은 돈 주고도 못 사는 것이다.'
이건희 회장은 말했는데 정말 공감한다.

23년 전에 무점포 시대를 예측한 이건희 회장, 늘 생각을 하면서 살았기에 가능한 일이다.

아래 이건희 회장의 어록 출처는 다음과 같다. 기사 '"돈받고 불량품을 만들다니, 고객이 두렵지도 않나"…이건희 어록'(노컷뉴스, 20201025, 김연지 씀).

"미래지향적이고 도전적인 경영을 통해 90년대까지는 삼성을 세계적인 초일류기업으로 성장시킬 것이다."(1987년 12월 1일 취임사)

"뛸 사람은 뛰어라. 바쁜 걸을 사람은 걸어라. 말리지 않는다. 걷기 싫으면 놀아라. 안 내쫓는다. 그러나 남의 발목은 잡지 말고 가만히 있어라. 왜 앞으로 가려는 사람을 옆으로 돌려놓는가?"(1993년 6월 프랑크푸르트 회의)

"출근부 찍지 마라. 없애라. 집이든 어디에서든 생각만 있으면 된다. 구태여 회사에서만 할 필요 없다. 6개월 밤을 새워서 일하다가 6개월 놀아도 좋다. 논다고 평가하면 안 된다. 놀아도 제대로 놀아라."(1993년 6월 프랑크푸르트 회의)

"결국, 내가 변해야 한다. 바꾸려면 철저히 바꿔야 한다. 극단적으로 얘기해 마누라와 자식만 빼고 다 바꿔야 한다."(1993년 6월 프랑크푸르트 회의)

"불량은 암이다. 삼성은 자칫 잘못하면 암의 말기에 들어갈 가능성이 있다.", "생산현장에 나사가 굴러다녀도 줍는 사람이 없는 조직이 삼성전자이고, 3만 명이 만들고 6,000명이 고치러 다니는 비효율, 낭비적인 집단인 무감각한 회사다."(1993년 6월 프랑크푸르트 회의)

"과장에서 부장까지는 5시까지는 정리하고 모두 사무실을 나가세요. 이것은 명령입니다."(1993년 7·4제 실시를 지시하면서)

"우리나라의 정치는 4류, 관료와 행정조직은 3류, 기업은 2류다."(1995년 베이징특파원들과 간담회)

"제트기가 음속(1마하)의 두 배로 날려고 하면 엔진의 힘만 두 배로 있다고 되는가. 재료공학부터 기초물리, 모든 재질과 소재가 바뀌어야 초음속으로 날 수 있다."(2002년 4월 사장단회의)

"200~300년 전에는 10만~20만 명이 군주와 왕족을 먹여 살렸지만, 21세기는 탁월한 한 명의 천재가 10만~20만 명의 직원을 먹여 살린다"(2002년 6월 인재전략사장단 워크숍)

"인재를 키우는 것만으로는 안 된다. 사과나무를 심어야 한다."(2003년 5월 사장단간담회 후 기자들과 만나)

"중국은 쫓아오고, 일본은 앞서가는 상황에서 한국경제는 샌드위치 신세다."(2007년 1월 전경련회장단회의)

"지금이 진짜 위기다. 글로벌 일류기업이 무너지고 있다. 삼성도 언제 어떻게 될지 모른다. 앞으로 10년 내에 삼성을 대표하는 사업과 제품은 대부분 사라질 것이다. 다시 시작해야 한다. 머뭇거릴 시간이 없다."(2010년 3월 경영복귀)

"삼성 브랜드가치를 높이고, 인류의 삶을 풍요롭게 하는 일이라면 누구와도 손을 잡을 수 있어야 하고, 모자라는 부분은 기꺼이 협력하는 결단과 용기가 필요하다."(2011년 1월 신년사)

"여성인력을 잘 활용하지 못하면 회사와 나라의 손해다."(2012년 여성승진자 오찬)

"자만하지 말고 위기의식으로 재무장해야 한다. 실패가 두렵지 않은 도전과 혁신, 자율과 창의가 살아 숨 쉬는 창조경영을 완성해야 한다."(2013년 10월 신경영 20주년 만찬)

"다시 한 번 바꿔야 한다. 변화의 주도권을 잡으려면 시장과 기술의 한계를 돌파해야 한다."(2014년 1월 신년사)

"결국 내가 변해야 한다.", "출근부 없애라.", "집에서든 어디서든 생각만 하면 된다.", 시대를 앞서간 말들, 놀랍다.

'故이건희 삼성 회장이 남긴 말·말·말…결국 다 이뤄냈다'[22]
자기가 한 말들을 결국 전부 실현해냈으니 멋지다.

---

22) 기사 '故이건희 삼성 회장이 남긴 말·말·말…결국 다 이뤄냈다'(뉴스퀘스트, 20201025, 김동호 씀)

20201115

60세 생일

따스한 가을볕을 맞으며 고즈넉한 별장에 도착했다. 야외결혼식 올리면 딱 좋을 아름다운 장소에서 동생들이 준비해준 파티가 열린다. 다행히 날도 포근하다. 우리 가족만을 위한 시간과 공간이다.

행사장에 도착하니 큰올케가 바비큐불판을 열심히 닦고 있었는데, 스물다섯 큰올케의 예쁜 모습이 오버랩됐다. 첫부임지인 서울선린초등학교에서 맺은 인연으로 가족이 된 지 30년이 됐다. 잘 살아줘서 고맙다. 테이블을 닦고, 준비물을 확인하며 부지런히 움직이고 있는 남동생들을 보면서 어릴 적 교과서에서 배운 '의좋은 형제' 이야기가 생각났다.

"누나, 좋아하는 노래 뭐야? 말만 해. 뭐든 틀어줄게."
'그대 그리고 나', '광화문연가'. 패티김, 이문세의 명곡들이 연이어 흐르고, 잊고 있던 아름다운 추억들이 떠오른다.

- 내가 좋아하는 분위기와 음악
- 내가 좋아하는 음식과 커피, 후식
- 고향집에 온 것 같은 푸근한 느낌
- 사랑하는 부모님과 동생들, 4남매 가족이 오순도순 함께하는 아늑함

완전 이혜숙스타일, 장성(長城)스타일이다. 나에 대해 많이 생각하고 준비한 동생들의 마음이 느껴졌다. 이게 행복이고, 가족이다.

"가격 안 보고 그냥 최고로 맛있는 한우로 달라고 했어. 이렇게 주문해본 건 태어나서 처음이야."

막내동생의 말에 다들 기분 좋게 웃었다. 언제나 만나면 반갑고, 얼굴 보면 기분 좋고, 가진 게 있으면 나누며 살고 있으니 복된 삶이다. 다들 바쁜 와중에도 가족전원이 참석하여 축하해줘서 고맙다. 모두 나를 사랑하고, 나에게 관심이 있다는 증거다. 마음이 없으면 불가능한 일이기에 고맙고 또 고맙다.

내 생애 가장 감사드리는 일은 훌륭한 부모님과 착한 동생들을 만난 거다. 부모님께서 주시는 가없는 사랑이 형제애와 가족애의 원천이다.

유년 시절부터 예순이 된 지금까지도 사랑을 듬뿍 받으며 살고 있으니 이 은혜를 어찌 보답할까.

막내동생의 아들 동헌이가 써준 손편지, 기특하다. 아버지는 그토록 원하신 첫 손자 동헌이가 태어나기 다섯 달 전에 돌아가셨다. 지금 계셨으면 "우리 동헌이 장하다." 하시며 정말 예뻐하실 텐데. 아버지의 환한 미소가 떠오른다. 덕택에 행복하게 살고 있습니다. 감사해요.

작년에 선물한 롯데월드 1년 자유이용권이 좋았나 보다. 조카들이 좋았다니 기쁘다.

동헌이가 내사진을 보고 그려준 초상화, '고모를 그리면서 무슨 생각을 했을까?', '동헌이에게 나는 어떤 고모일까?'를 생각하니 나를 참 많이 예뻐해준 우리 고모들이 떠올랐다.

작은올케가 마련해준 아기자기한 소품들, 어여쁜 안경과 왕관을 쓰니 초등학생이 된 느낌이다. 예순 생일파티를 여덟 살 생일파티처럼 하며 다시 시작한다는 희망이 생긴다. 최고의 파티다.

테이블보와 접시, 케이크와 꽃바구니, 축하 글까지 모든 것들이 섬세하고 다정하며 기분 좋은 놀람의 연속이다. 아름다운 장소에서 사랑하는 가족들과 함께할 수 있어서 행복하다.
사진을 찍는다.

- 나 혼자 찍고
- 남편과 둘이 찍고
- 아이들과 넷이서 찍고
- 어머니와 다섯이서 찍는다
- 남편과 어머니, 동생들과 여섯이서 찍고
- 조카들과 찍는다
- 마지막으로 온가족이 함께 찍는다

나의 남편, 60년 중 35년을 함께한 사람. 책임감 강하고, 배려심 깊고, 성실하고, 가족을 사랑하는 사람과 반평생 넘게 살고 있어 감사하다. 우리 둘을 이어주신 아버지와 시아버님, 고맙습니다.
잘 성장해준 딸과 아들, 덕택에 행복하고 열심히 살고 있다. 어머니와 남편, 아이들과의 만남, 귀한 만남이다.
만남이 만남으로 이어지는 게 인생이다. 4대(代)가 함께 사는 종갓집에서 자란 덕택에 다양한 관계와 사랑을 배울 수 있었으니 최고의 환경에서 성장한 거다. 태어나보니 화목한 가정이었고, 바르게 사신 부모님을 닮아 동생들도 바르게 살고 있으며, 동생들이 착하기에 올케들도 착하다.
"무조건 아내에게 잘하렴."
고마움과 노파심을 담아 동생들에게 당부했다.

맞벌이 하는 자식들을 위해 손자손녀들 봐주시고, 김치 담가주시고, 늘 기도해주시고. 가정이 화목한 건 부모님의 사랑 덕택이다. 평생 솔선수범하신 부모님의 100분의 1만 해도 성공한 인생이다.

예쁜 아이들과 조카들, '서너 명씩 낳았다면 얼마나 좋았을까.', '지금 아이를 기른다면 정말 잘 기를 자신이 있는데.'라는 생각이 예순 생일에 드니 재밌다.

최고의 선물은 가족이다. 아끼고, 배려해주고, 서로 관심을 가져주는 존재다.

케이크도 내 입맛에 맞는 맞춤형으로 준비해줬다.
"우와. 예쁘다. 근데 이 큰 걸 언제 다 먹지?"
라는 감탄이 절로 나온 케이크가 순식간에 사라지는 걸 보며 뿌듯했다. 그만큼 가족이 많다는 증거니까.

가을정취도, 가족들도 예쁘다. 소중한 사람들.

수아가 직접 만들어준 빼빼로과자도 맛있고, 직접 구워 먹은 고구마도 맛있고, 오리주물럭도 일품요리였다. 센스도, 세심함도 좋다. 세심함은 사랑이며 관심이다. 고구마는 어머니께서 직접 농사지으신 농작물이다. 건강해주셔서 감사하다. 덕택에 평화와 행복을 누릴 수 있고, 어머니가 건강하신 건 동생 은경 사장 덕택이다.

꼬마가 60번 생일을 맞으니 생신이 된다. 생신이란 단어가 생소하다.

별장을 가진 친구를 둔 막내동생 덕택에 환상적인 파티를 할 수 있었다. 직접 멋진 별장을 갖고 있는 것도 좋지만 별장을 소유한 친구를 알고 있는 것 역시 좋다.

- 내가 모든 걸 다 잘할 수는 없고
- 모든 걸 다 가질 수도 없다
- 따라서 잘하는 사람을 알고 연결하면 된다
- 소유하고 있는 사람을 알고 공유하면 된다

네트워크와 연결공유의 힘을 활용하는 게 핵심이다.

장소, 분위기, 음식, 음악, 날씨, 다 좋았지만 제일 좋은 건 가족과 함께함이었다. 귀한 추억을 선물해준 가족들에게 감사드린다.

20220119

서바이벌게임

기회는 예고 없이 찾아오며 하나의 기회는 또 다른 기회들로 이어진다.

1987년, 남편은 미국으로 혼자 국비유학을 떠났고, 나는 둘째를 임신 중이었는데 당시에는 산후휴직 기간이 2개월이어서 따라갈 수 없는 상황이었다. 노태우 대통령의 선거공약 덕택에 산후휴직 기간이 3년으로 늘어나면서 우리 가족이 다 함께 나갈 수 있게 됐고, 갑작스럽게 찾아온 기회라 아무런 준비도 없이 무작정 떠났다.

'영어도 못 하고, 운전도 못 하고, 아이들 의료보험도 못 넣을 만큼 가난한 상태에서 3년 내에 남편은 석사학위를 따고, 한국에 돌아와야 한다'

스물여덟에 부여받은 미션이다.

캘리포니아 몬트레이는 사시사철 10~20℃의 기온을 유지하는 살기 좋은 곳으로, 반팔로 다니다가 조금 쌀쌀하다 싶으면 카디건만 걸치면 된다.

'몬트레이해변, 세븐틴마일, 카멜시티, 빅서, 베이수족관'

집에서 자동차를 타고 10~20분만 나가면 이 멋진 장소들을 즐길 수 있었지만 나는 갈 수가 없었다. 유모차를 끌고 가기엔 너무나 먼 거리였다. 거의 집에서만 지냈는데 대중교통이 없는 도시에서 운전을 못 하니 답답해 미칠 것 같았다.

 기저귀 차고, 우유병 빨던 아이들, 아프면 돈이 많이 들어갔고, 더 중요한 건 남편이 아픈 사람을 픽업해야 한다는 거였다. 그럼 남편이 공부에 집중할 수 없게 되니 가족 중 한 명이라도 아프면 주부의 직무유기다.
 '온도, 습도, 영양, 휴식, 운동'
 아프지 않기 위해 생활의 모든 면에서 철저하게 신경 쓰며, 24시간 내내 육아와 내조에 집중했다.

- 오전, 오후 두 차례 바깥바람을 쐬어준다
- 목욕시킨다
- 낮잠 재운다
- 놀아준다
- 간식 챙겨준다
- 20℃로 집 안 온도를 유지한다

 육아는 이런 시스템으로 운영했다. 햄버거 한 개 사 먹는 것조차 부담스러워 매일 남편의 도시락을 쌌다. 김치와 계란말이, 멸치볶음을 만들고, 국을 끓여 보온도시락 두 개씩을 챙겼다.

 '대출 받아 쓰고, 귀국해서 갚으면 됐을 걸.'
 '부모님께 빌려 쓰고, 나중에 갚으면 됐을 걸.'
 세상물정을 모르는 신혼 시절이어서 이런 생각들을 미처 하지 못한 덕택에 사막 한가운데서도 살아남는 법을 배웠다.

- 우리 부부 둘 다 돈을 못 번다
- 다리가 아파 걷지도 못 한다

- 사회와 소통할 수도 없다
- 대출도 받을 수 없다
- 부모님도 우리를 도와주실 수 없다

예순 이후에 겪게 될 막막한 상황들을 서른에 먼저 체험할 수 있었다. 당시 국비로 지원받은 월 1,100달러 중 550달러를 집값으로 내고, '나머지 550달러로 4인 가족이 미국에 살면서 학위를 취득해야만 하는 서바이벌게임'을 한 거다. 30년 미리 앞당겨 맞이한 고생이 최고의 자산이 되어주었다. 돈 주고도 살 수 없는 소중한 경험들을 그때 많이 했다.

병원에 갈 수 없는 상황이고, 운전도 못 하고, 택시도, 버스도 없는 상태에서 갓난아이들과 살아내야 했다.

유모차 하나에 아이 둘을 태울 수 있을 정도로 어렸던 시절, 나 혼자서 아이들을 길렀기에 품에서 잠시도 떨어지려 하지 않아 빨래할 때도 업고 했고, 식사준비 할 때도 안고 했다.

아름다운 몬트레이해변가, 사진 찍어줄 사람이 없어 나와 남편이 번갈아가며 찍었다. 가족사진에 세 명씩만 찍혀 있는 이유다.

한시도 가만있지 못 했던 장난꾸러기 아이들, 예쁘다.

내가 해준 이발을 하고 잠든 아이의 모습, 아이 목이 끊어질 듯 가늘다. 틈틈이 공부하고, 놀고, 가장 행복한 시절이었으며 아이들과 함께한 유일한 시절이기도 했다.

젊은 시절, 힘든 미션을 수행한 덕택에 새로운 기회들을 연이어 맞이할 수 있었음에 감사드린다.

8   좋은 시스템

20200908

내 안에 잠자는 거인

결혼해서 아이 낳고, 직장까지 다니는 분들을 보며 진짜 대단하다고 생각했다. 직장생활 하나만 하기에도 버거워 헉헉댔기 때문이다.

2000년 2학기, 대학원논문 쓰던 중 하이리빙 사업을 만나 난생처음 꿈이란 게 생겼다. 첫사랑에 빠진 것처럼 설레며 24시간 내내 사업만 하고 싶었지만 맞닥뜨린 여건은 쉽지 않았다.

- 아이들 교육
- 주부역할
- 직장생활
- 대학원논문
- 하이리빙 사업

이 모든 것을 나 혼자 감당해야만 했다.

가사도우미도 올 수 없는 시골에 살았는데, 물론 가사도우미를 부를 생각도, 부를 수 있는 돈도 없었다. 타지에 살아서 아는 사람도, 도움을 청할 사람도 없었고.

남편은 인생에서 가장 중요한 시기를 보내고 있었으며, 나는 도서벽지학교에 재직 중이었다. 도서벽지학교에서 근무하는 건 일반학교에서 근무하는 것과 여러 가지 면에서 많이 다르다.

지금이 아니면 영영 못 쓸 것 같았기에 석사논문 쓰는 것도 더 이상 미루면 안 됐다. 빨리 논문을 통과한 뒤, 하이리빙 사업에만 집중하고 싶었다.

이런 상황 덕택에 처음으로 시간관리라는 것을 하게 됐다. 누가 가르쳐준 것도, 강요한 것도 아니었지만 죽지 않기 위해 본능적으로 하게 됐다. 나중에 시간관리에 대한 책을 봤는데 그때 내가 한 일들이 적혀 있어서 신기했다.

- 일의 우선순위를 정한 뒤에 움직인다
- 동선을 계산해서 움직인다
- 주간단위로 스케줄을 짜서 움직인다
- 시간을 10분 단위까지 쪼개서 활용한다

하루 두세 시간밖에 잘 수가 없었다. 일부러 노력한 게 아니라 자연스럽게 그렇게 됐다. 글로 써놓아야만 시간을 10분 단위까지 쪼갤 수 있기에 기록의 중요성도 알게 됐고.

한꺼번에 서너 가지 일을 동시에 하는 법도 터득했는데, 예를 들면 이런 식이다. 세탁할 옷에 세탁전처리제를 발라놓고, 쌀을 씻어 밥솥을 누른 뒤, 그동안 때가 빠진 옷을 세탁기에 넣고 돌린다. 밥솥과 세탁기가 각자 자신의 일을 열심히 해주고 있는 동안 사업 관련 녹음테이프를 들으며 청소기를 돌린다.

- 상대방이 있어야만 할 수 있는 일

- 혼자서도 할 수 있는 일

두 가지로 일을 분류했다. '만남, 강의, 전화'는 상대방이 있어야만 할 수 있는 일이기에 자정 전에 했고, '집안일, 독서, 테이프 듣기, 편지 쓰기'는 혼자서도 할 수 있는 일이기에 자정 후에 했다.

- 새벽 5시에 기상한다
- 화요일과 목요일 밤은 대전 하이리빙센터에 간다
- 수요일과 토요일 오후는 세탁기를 돌린다
- 토요일 오후는 장을 본다

삶에 시스템이라는 것이 구축됐다. 2000년은 택배도 드물었고, 온라인강의도 없던 때였으니 그 시절에 비하면 지금은 시간을 몇 배로 늘려 쓸 수 있게 됐다.

운전하면서 오디오테이프를 들었고, 직장에서도 자투리시간을 활용해 책 읽고, 공부하고, 편지를 썼다. 내 생애 가장 초고농축으로 산 1년이었다.

여러 가지 일을 동시에 하는 게 너무나 괴롭고, 매일 매일이 힘들어 하루라도 빨리 이 고통에서 벗어나고 싶었다. 시간과 돈으로부터 자유롭고 싶었고. 이런 간절함이 가장 큰 원동력이었으며, 힘들면 힘들수록 더 간절해졌다.

2000년 12월 29일은 역사적인 날이다. 석사학위논문을 통과하고, 하이리빙 마스터 직급도 달성하면서 그토록 바라온 두 가지를 동시에 성취한 날이기 때문이다. 이제야 좀 살 것 같았다. 어려웠던 직장생활도, 주부생활도, 아이 기르는 일도 더 이상 힘들지가 않았는데, 높고 험한 산을 한 번 올라갔다 오면 웬만한 산은 동네 뒷동산처럼 느껴지는 것과 같은 원리다.

지금도 어려운 일이 생기거나 게으름을 피우고 싶어질 때마다 2000년, 마흔, 거인과 조우한 때를 떠올린다. 내 안의 거인과 만났음에 감사드린다.

20200928

굿 라이프

일곱 가지 좋은 것들
- 좋은 사람(Good People)
- 좋은 돈(Good Money)
- 좋은 일(Good Work)
- 좋은 시간(Good Time)
- 좋은 건강(Good Health)
- 좋은 자기(Good Self)
- 좋은 프레임(Good Frame)

일곱 가지 좋은 것들이 어우러진 삶이 바로 하이리빙 사업이다.

"수고하셨습니다."
"안녕히 주무세요."
"감사합니다."
"어서 들어가 쉬세요."
"좋은 밤 되십시오."
"다음에 또 봬요."

토요일 밤 자정이 다 된 시각, 우리 여섯 명은 헤어짐이 아쉬워 양손을 흔들며 작별인사를 반복했다. 한 시간만 하기로 하고 시작한 미팅, 시계를 보니 두 시간이 지나 있었다. 좋은 사람들과 좋은 이야기를 하다보면 시간 가는 줄을 모른다. 이제는 지하철이 끊기거나 가족들이 기다릴까봐 도중에 미팅을 끊을 이유가 없어졌는데, 서울, 부산, 창원, 인천, 각자의 집에서 줌(Zoom)미팅을 할 수 있게 된 덕택이다.

일주일 동안 공부한 내용을 모니터화면에 띄워 함께 나눈다.

김사장
"듣는 것은 비타민입니다."
경청 이야기를 해줬다.

임사장
"생식은 항암이고, 화식은 발암이에요."
생식 이야기를 해줬다.

이사장
"과연 암예방학회에 모인 의사들이 암환자가 완치하기를 바랄까요?"
책 '환자혁명'(조한경 씀) 이야기를 해줬다.

이사장
책 '세상에서 가장 이상한 비밀'(얼 나이팅게일 씀) 이야기를 해줬다.

조사장
"요즘에는 검색하면서 시험을 볼 수 있어요."
바뀐 시험제도를 알려주며 시대의 변화를 들려줬다.

나
'소비연금 이야기' 책을 쓰며 느낀 비전과 꿈을 이야기해줬다.

나눔의 시간 때, '더 나은 내가 되기 위해 집중하고 싶은 일을 각자 한 가지씩 정해 한 달 동안 꾸준히 실천해보자'는 제안이 나왔다.

김사장
- 사업 성장하기
- 뱃살 빼기

임사장
- 만 보 걷기
- 일주일에 스무 명에게 편지 쓰기

이사장
- 건강관리 하기
- 1주에 책 한 권씩 읽기

이사장
간헐적 단식 열다섯 시간 하기

조사장
- 다이어트 하기
- 제품공부 하기

나
- 만 보 걷기

- 책 쓰기

 이렇게 좋은 사람들과 좋은 시간을 가지며 좋은 건강을 챙기다 보면, 좋은 생각(프레임)과 좋은 나(자기)와 좋은 돈이 되는 좋은 일, 굿 라이프를 사는 게 바로 우리가 하는 일이다.

20201126

좋은 사람들과 좋은 시간

굿 라이프를 살고 있음에 감사드린다.

"가족들이 왔다 가도 힘들어하시고, 안 와도 그리워하시고, 옆 사람 아이들은 오는데 자기 아이들은 안 오면 또 괴로워하셨는데, 지금은 코로나 때문에 너도 나도 다 면회를 안 오니 오히려 더 나아. 힘들어하시는 모습을 덜 봐도 되니까."

요양병원에 근무하는 간호사 친구가 해준 말을 떠올리며, 20년 후 내 모습을 그려본다. 2040년 11월 26일 월요일 아침에도 '역사 이야기, 여행 이야기, 친구 이야기, 책 이야기, 성경 이야기, 위인 이야기, 사업 이야기' 등 테마를 정해 글을 쓰며 살고 싶다.

- 요양원에서 노후를 보내고 싶지 않다
- 건강과 부를 겸비한 친구들과 함께 건강하고 행복한 삶을 살고 싶다

는 두 가지 목표를 정한다. 지금과 같은 감과 폼을 쭈욱 유지하고 싶은데, 지금처럼 계속 살다 보면 될 거다.

어제는 예순 생일선물을 테마로 글을 쓰며 정년 없는 평생직업과 하이리빙 회사에 대한 감사 이야기로 하루를 시작했고, 오전 10시부터는

임사장의 강의를 들었다.

행복공동체로 가는 길
- 몰입(하루 네 시간 동안)
- 성취의 쾌락(목표)
- 유대감(공동체문화)
- 보람(타인과의 관계라는 삶의 흔적)

"코로나 이후 세상은 4C 형태의 사회가 될 것입니다. 즉, 온라인을 중심(unContact)으로 한 소규모화(Cluster), 전문화(mega City)되는 사회가 될 것이니 문화생산자(Culture, Creative)가 되어야 합니다."
코로나가 불러온 변화는 새로운 문화이자 새로운 기회라는 걸 배웠고, 이 새로운 문화와 기회를 만들어 나가는 게 바로 우리가 하고 있는 일임을 깨달았다.

두 번째 시간은 박사장의 '더러운 장(腸)이 병을 만들고, 깨끗한 장이 건강을 만든다' 강의였다. 배설의 중요성과 비움의 중요성에 대해 배웠다.

5대 배설기관
- 피부
- 신장
- 림프
- 폐
- 대장

장은 면역의 최전선이라는 게 핵심이다.

'피로, 신경과민, 위장질환, 피부질환, 두통, 관절염, 요통, 신경통, 알레르기, 천식, 눈질환, 코질환, 목질환, 귀질환, 심장질환, 암, 파킨슨병, 각종 자가면역질환'

전부 장이 더러워 생기는 질병들이다. 장독소 제거, 장 청소, 식이섬유 섭취의 중요성을 느꼈다.

- 장기가 깨끗해지면 피가 깨끗해지고
- 피가 깨끗해지면 뇌가 깨끗해지고
- 뇌가 깨끗해지면 면역력이 올라간다

는 인과관계를 다시 한 번 알게 됐다. 들을 때마다 매번 새로우니 반복교육이 중요하다.

세 번째 시간은 이사장의 세제강의였다.

'주방세제, 분말세탁세제, 다목적세제, 중성세제, 세탁전처리제, 산소계표백제, 세탁조클리너, 욕실소독제, 섬유탈취제'

다양한 세제들에 대해 배웠다. 5무(無) 세제에는 '형광증백제, 에탄올, 점증제, 인산염, 파라벤' 다섯 개 성분이 없고, 히말라야핑크솔트는 식기뿐 아니라 야채, 과일, 유아용품까지 세척해도 되는 안전한 성분이다. 세제강의 역시 들을 때마다 매번 새롭고 좋다.

저녁시간에는 홍사장의 번개특강을 들으며 신제품인 마그네슘위드B6와 면역해독주스에 대해 배웠다. 비타민B6와 마그네슘이 뼈, 심혈관, 근육, 뇌건강, 탈모예방, 피부염예방에 중요한 역할을 한다고 했다.

"이제는 소비자들이 이런 스타일의 제품을 선호합니다. 간편하게 물에 타 마시는 것만으로 디톡스와 면역효과를 동시에 내주는 해독주스입니다."

내년 2월에 출시될 분말타입의 면역주스에 대해서 배웠다. 소비자의 기호와 시대의 흐름에 맞춰 회사가 좋은 제품들을 계속 사이트에 올려주니 신통방통한 사업이다.

계산해보니 어제 네 시간 동안 몰입했다. 혼자 했다면 못 했을 테지만 좋은 친구들과 함께한 덕택에 재미있게 할 수 있었고, 네 시간을 몰입한 결과 나머지 20시간을 행복하게 보냈으니 좋은 하루였다.

임사장, 박사장, 이사장, 홍사장, 모두 긍정적이며 꿈과 실력, 의리와 배려심이 있고, 봉사와 자기관리를 잘하는 훌륭한 리더들이다. 나는 이런 좋은 친구들을 많이 갖고 있다.

'좋은 제품과 좋은 생각과 좋은 정보를 좋은 사람들과 함께 나눈다. 이런 좋은 시간을 보내다 보면 좋은 건강과 좋은 돈이 만들어지는 좋은 인생, 굿 라이프가 된다'

이게 100조(組)의 억대연봉자와 100명의 건강인이 함께하는 행복공동체다.

- 동참하기
- 초대하기

행복공동체에 가입할 수 있는 두 가지 방법이다.

20201011

수도꼭지와 돈

상상이 현실이 됐음에 감사드린다.

부업으로 사업을 했기에 퇴근 후에 활동해야 했다. 새벽에 귀가해 두어 시간 눈을 붙이고 일어나 밥을 하면, 비몽사몽 물이 돈으로 보였다. 화장실에서도, 주방에서도, 베란다에서도, 수도꼭지를 틀면 돈이 콸콸 쏟아지는 상상을 하며 힘든 시간을 견뎌냈다.

전국의 주부들이 야채와 과일을 씻는 데에 한 방울씩만 사용해도 하루에 수천, 수만 개의 주방세제가 팔리고, 아침이 되자마자 샤워젤과 샴푸가 수천 병씩, 치약과 칫솔이 수만 개씩 팔려나가는 모습을 상상했다. 모두 곤히 잠든 새벽 시간, 꿈을 꾸느라 잘 수가 없었다.

- 파이프라인 우화
- 부자 아빠 가난한 아빠
- 마르지 않는 금맥
- 자유로 가는 인생

다소 황당한 제목의 책들을 보며 꿈을 구체화했다.

어릴 적, 수도가 없어서 물 길어 밥 하고, 설거지하고, 빨래하고, 목욕

하던 시절과 수도를 사용하는 지금은 삶의 질 자체가 다르듯이, 돈이 파이프라인을 통해 흘러나오는 미래를 시각화했다.

- 시간과 돈을 맞바꾸는 직장생활
- 일하지 않아도 돈이 나오는 맥도날드, 스타벅스 같은 시스템

1번에서 2번으로 이동하기 위해 노력했다. 2번을 얼마나 간절히 그렸는지 모른다.

책 '마르지 않는 금맥(가정에 숨겨진 금맥)', 파도 파도 계속 나오는 금이 우리 집에 묻혀 있다. 수천, 수만 가구에 매장돼 있는 금광을 그리며 골드러시를 꿈꿨다. 황당하지만 바로 이게 자유로 가는 길이기에, 계속 길을 따라 걸어 이 자유를 꼭 갖고 싶었다.

- 파이프라인
- 시스템
- 금맥
- 자유
- 불가사의

이 다섯 가지는 나에게 다 똑같은 의미다.

1만 원 쓰면서도 벌벌 떨었고, 1,000만 원이라는 큰돈을 만들려면 재형저축 3년을 꼬박 넣어야 했는데, 지금은 매달 소비연금으로 받고 있다.

삶은 '세수하고, 밥 먹고, 화장하고, 설거지하고, 세탁하고, 잠자고,

했던 화장 지우고, 배설하고, 입고, 일하고, 쉬고, 다시 일어나는 것'의 연속이다. 인간은 눈 뜨는 순간부터 잠자리에 드는 순간까지 끊임없이 움직이기에, 파이프라인과 금맥의 근간은 하루 생활에 있다. 일상은 소비의 점철이며, 매일 하는 반복행동에 돈이 있다.

세수와 양치, 샤워 _ 하루 1,000원
치약, 칫솔, 샴푸, 린스, 샤워젤, 로션

화장 _ 하루 2,000원
토너, 에멀전, 워터풀크림, 클렌징크림, 재생크림, 페이스오프, 마사지크림, 아이크림

식사와 설거지 _ 하루 3,000원
생식, 밥과 김치, 육류, 생선, 라면, 미역, 주방세제, 수세미

옷 _ 하루 2,000원
속옷과 겉옷

건강식품 _ 하루 2,000원
종합비타민, 유청칼슘, 헬스B아연, 생생큐, 키토올리고당, 아이3케어, 유산균, 오메가3

커피, 차 _ 하루 500원
오리지널커피믹스, 블랙커피, 차

세탁 _ 하루 300원
세탁세제, 중성세제, 섬유유연제, 욕실소독제

양념류 _ 하루 200원
간장, 소금, 올리브유, 고추장, 된장

정기적으로 교체하는 필터 _ 하루 200원
공기청정기, 알칼리환원수기

신발 _ 하루 500원
1년에 한 켤레 사는 것으로 계산

수시로 쓰는 화장지, 키친타월 _ 하루 200원

기타 _ 하루 2,000원

한 사람이 하루를 생존하기 위해서는 2만 원 정도가 든다. 한 달이면 60만 원, 1년이면 720만 원, 10년이면 7,200만 원, 60년이면 4억 원이 넘는데, 무심코 쓴 4억 원을 통해 화장품가게, 식료품가게, 슈퍼, 대형마트들이 돈을 번다.

한 명이면 4억 원, 열 명이면 40억 원, 100명이면 400억 원이 되니 천문학적 금액이고, 모든 제품의 가격에는 40~70퍼센트 이상의 유통마진이 들어있기에 유통이 곧 돈인 것이다. 화장품가게, 신발가게, 약국, 슈퍼 등

- 남의 가게에서 하던 소비를 내 가게에서 한다
- 여기저기에서 하던 소비를 한 곳에서 한다

온라인세상이 준 기회를 활용했다. 우리가 하는 일은 물건을 파는 일

이 아니라 자가(自家)소비 하는 소비자동아리를 만드는 일이고, 생산자와 소비자가 만나 거래할 수 있는 연결공유의 장, 플랫폼을 만드는 일이다.

파이프라인을 건설하는 동안에는 돈이 되지 않기에 물동이도 함께 날라야 했다. 출근 전, 퇴근 후, 주말 등 자투리시간을 활용해 세제소비자, 라면소비자부터 한 사람, 한 사람 차근차근 모았다.
물동이 나르는 것만으로도 버거웠으니 파이프라인 만들기는 쉽지 않은 일이었지만, 지금 구축해놓지 않으면 퇴직 후엔 더 힘들어질 것이기에 했다.

'지속적인 잉여소득의 원천! 파이프라인을 구축하는 비결!'
'파이프라인은 새로운 차원의 부를 가져다 줄 것이다!' [23)]
책 속의 이야기가 현실이 되었다.

- 매번 물동이로 이고 지며 날라야 하는 물
- 수도꼭지만 틀면 나오는 물

이 둘의 삶의 질을 어찌 비교할 수 있을까?

'소개 _ 100세 수명 시대를 대비, 교직생활 중 부업으로 시작한 하이리빙 사업을 통해 18년 이상 연금성 소득 억대연봉을 받으며 경험한 이야기들을 모아 '1그램의 고통과 1톤의 행복', '4,300원의 자신감' 출간함. 현재는 평생현역으로 사는 길, 연금전문가로 활동 중임' [24)]

---

23) 책 '파이프라인 우화'(버크 헤지스 씀)
24) 네이버 블로그 '이혜숙의 평생현역으로 사는 길, 소비연금 이야기' _ 프로필

'꿈, 복제, 시스템, 자유', 다양한 이야기들로 가득 찬 나의 블로그를 보니 뿌듯하다.'

	95퍼센트	5퍼센트	(사람)
	E _ 회사원	B _ 사업가	
	S _ 자영업자	I _ 투자가	
	(노동수입) 5퍼센트	(권리수입) 95퍼센트	(돈)[25]

'현금흐름의 4분면'을 앎이 자유와 꿈의 시작이었다.

책 '가정에 숨겨진 금맥'(스티브 W. 프라이스 씀)
우리 집에 금맥이 있다. 내가 바로 금맥이다.

'생활비로 머니트리 키우기'를 하는 게 우리 사업이다.

'시스템이 비(非)시스템보다 쉽다'
파이프라인을 놓기는 어렵지만 물동이를 매번 나르는 것보다는 쉽다.

책 '힘만 조금 뺐을 뿐인데'(우치다 타츠루 씀)

---

[25] 책 '부자 아빠 가난한 아빠'(로버트 기요사키 씀)

조금 힘 빼기, 고정관념 빼기, 우리 사업은 조금씩만 빼면 되는 일이다.

방향성이 중요하기에 나침반을 보면서 나아간다.

'품목이 다양하다 _ 2,000개 이상
 - 식품 _ 김치, 짜짜로니, 오리지널커피믹스
 - 건강 _ 순생식, 라파402, 공기청정기
 - 뷰티 _ 타임리셋, 떼즈블랑
 - 세제 _ 세탁세제
등'

보이지 않는 것들에 비전도, 대안도, 희망도 있기에 보이지 않는 걸 볼 수 있는 눈이 필요하다. 수도꼭지에서 물이 나오듯 돈이 나오는 미래를 상상했다.

'당신의 선택은? 순간의 선택이 평생을 좌우합니다!'

 - 직장 대신 하이리빙 사업을
 - 안정 대신 자유를
 - 의심 대신 확신을
 - 현재 대신 미래를

선택할 수 있었던 건 상상 덕택이다.

20201108

하이리빙과 SRT

SRT 덕택에 지방에 내려가는 게 부담이 없어졌다. 하이리빙과 SRT의 공통점을 다섯 가지 키워드를 통해 알아보겠다.

편리함
SRT는 온라인예약이 간편하다. 스마트폰을 열고, SRT 앱에 들어가서, 손가락을 네다섯 번 움직이면 예약이 된다. SRT는 오프라인접근성도 좋아 승용차에서 내려, 에스컬레이터를 두 번 탄 뒤, 100걸음 정도 걸으면 예약한 자리에 앉는다. 온라인승차권 예약부터 오프라인승하차까지 편리하니 계속 SRT를 타게 된다.

하이리빙마트도 SRT처럼 편리하다. 스마트폰을 열고, 하이리빙 앱에 들어가서, 손가락을 네다섯 번 움직이면 문 앞까지 배달이 되고, 오프라인마트 역시 접근성 좋은 곳에 있어 직접구매도 쉽다.

국민의 철도 플랫폼, SRT
'철도'를 '마트'로 바꾸면 하이리빙이 된다. 국민(소비자)을 위한, 국민에 의한, 국민의 마트가 하이리빙이다.

마음을 노래하자

승객의 입장에서 생각할 줄 아는 사람만이 이런 높은 수준의 편리함을 구현해낼 수 있기에, SRT를 만든 사람은 사람의 마음을 생각할 줄 아는 사람이다.

소비자의 입장에서 생각할 줄 아는 사람만이 이런 높은 수준의 편리함을 구현해낼 수 있으니, 하이리빙을 만든 사람도 사람의 마음을 생각할 줄 아는 사람이다.

시스템

SRT는 한 명의 기관사와 두 명의 승무원까지 세 명의 직원이 1,000명의 승객을 커버하는데, 개인이 하는 것이 아니라 시스템으로 하기에 가능한 일이다.

하이리빙도 개인이 하는 것이 아니라 시스템으로 돌아간다.

새로운 시작, 새로운 상상

하이리빙과 SRT는 새로운 시작과 새로운 상상의 산물들이다.

20201124

좋은 제품, 건강, 행복

'올해도 사랑받고 있구나.'

고향에서 올라온 쌀과 어머니께서 직접 담가주신 김장김치를 보니 연말이라는 실감이 난다. 예전에 부모님과 함께 살 때는 서울 중곡동 집으로 트럭 한 대에 40~50가마가 가득 실려 와서, 여기저기 나눠 먹기도 하고, 팔기도 했다. 지금은 우리 식구들이 원하는 만큼의 양을 각자의 집으로 부쳐주는데, 작년에 다섯 가마를 신청했더니 올해는 묻지도 않고 다섯 가마를 보냈다. 작년보다 식구가 줄어 다 못 먹을 것 같다. 나눠 먹어야지.

60년째 공짜로 먹고 있는 쌀, 우리 4남매 가족 총 열다섯 명이 평생 동안 먹고 있는 쌀, 돈으로 환산해보면 엄청난 액수가 나온다. 80년 전에 논을 구입하신 할아버지와 80년 동안 땅을 지켜 오신 부모님 덕택에 오늘 내가 맛있는 밥을 먹을 수 있다.

올해 여든다섯이신 어머니는 가락시장까지 가 장을 봐오셔서, 동생들과 함께 손수 김장까지 담가주셨다. 김장할 때 쓴 배추와 무는 어머니께서 직접 재배하신 농작물이다. 덕택에 올해도 최고로 맛있는 김치를 편하게 먹을 수 있다.

나는 엔트리아카데미를 주최하기 위해 110여 명의 파트너들을 밴드(BAND)로 초대하느라 정신없이 바빴다. 열흘 동안 110여 명에게 일일이 전화를 걸거나 직접 만나서, 밴드에 프로필사진 올리는 방법을 알려줬다. 오프라인 강의장에서 온라인강의로 이동하는 작업을 한 것이다.

지난 20년 동안 오프라인으로 구축해온 시스템을 온라인으로 연결공유하면서, 드디어 시스템이 탄력을 받아 성과를 내기 시작한다.

김장해서 김치냉장고까지 정리해주신 부모님의 사랑 덕택에 사업에 몰두할 수 있었고, 부모님께서 건강해주신 덕택에 일에만 전념할 수 있었다. 동생들이 부모님을 챙겨드리기에 가능한 일이다. 특히 하이리빙 엔트리로 매년 서너 차례 어머니께 내장해독관리를 해드리고, 매일 건식을 챙겨드리는 약사 동생 이은경 사장의 역할이 크다.

- 하이리빙의 좋은 제품들 덕택에 어머니께서 건강하시다
- 어머니께서 건강하신 덕택에 온가족이 행복하다

'좋은 제품, 건강, 행복'
세 가지로 이루어진 선순환시스템이 우리 사업의 핵심이다. 이 시스템을 각 가정마다 구축하는 게 우리가 하는 일이고.

나 혼자만의 힘으로 이룰 수 있는 것에는 한계가 있다. 가족들 덕택에 한계를 뛰어넘어 성공할 수 있었다. 60년 동안 물심양면으로 후원해주신 부모님과 동생들의 사랑에 감사드린다.

20201201

리부트(reboot)

"대부분의 진실은 처음에는 거부당한다. 그리고 거센 저항에 부딪치게 된다. 그러다가 결과를 보여주게 되면 진실로 인정받는다."
큰 힘과 용기를 준 쇼펜하우어의 말이다.

9월의 어느 날, 부재중통화가 와 있었는데 부산 강원장이 10년 만에 한 전화였다. 반가운 마음에 다시 전화를 걸었다.
"혹시 리부트 아세요? 김미경 강사의 책을 읽다가 사장님 생각이 나서 연락 드렸어요."
"10년 전에 사장님이 저한테 해주신 이야기들이 다 이 책 속에 있어요."
"리부트 내용이 바로 하이리빙 사업이에요. 독서미팅 교재로 쓰면 딱 좋을 것 같아요."
강원장의 목소리에 신기함이 배어 있다.

코로나로 인해 오프라인강의를 할 수 없게 됐다. 강의가 주 수입원인 김미경 강사는 '이대로 가다가는 다 굶어 죽겠다.' 싶은 위기감에 두 달 동안 혼신의 힘을 다해 연구를 했고, 코로나 시대의 생존공식 네 가지를 도출해내 책으로 썼다. 강원장은 이 책을 보다가 내가 떠올라 전화를 한 거였다.

언택트를 넘어 온택트로 세상과 연결하라
언택트(UNtact)는 온택트(ONtact), 온라인대면으로 뚫어야 한다.

온택트를 하기 위해 디지털 트랜스포메이션 해야 한다
모든 온택트는 디지털기술을 기반으로 하고 있다. 코로나 이후, 4차 산업혁명이 일상이 되는 시대에 디지털로 무장하지 않으면 살아남지 못한다. 디지털과 내 일을 합체시켜 완전히 변신해야 한다.

온택트와 디지털 트랜스포메이션이 가져올 미래의 인재상은 인디펜던트 워커다
조직에 연연하지 않고, 자유롭고 독립적인 미래형 인재가 되기 위한 준비를 해야 한다.

위의 세 가지 공식을 관통하는 가장 필수공식은 세이프티다
가장 안전한 형태로 바뀌어야 고급브랜드로 자리매김할 수 있다.

'리부트'의 네 가지 공식은 하이리빙 사업자들이 이미 예전부터 해온 일들이기에 나 역시 놀랐다.

하이리빙 사업을 하지 않았다면 어땠을지 상상해본다. 예순까지 아날로그적인 삶을 살다가 어느 날 갑자기 "온택트와 디지털 트랜스포메이션을 해야 되고, 인디펜던트 워커가 되기 위한 준비도 하셔야 하는데, 그러기 위해서는 세이프티가 가장 필수공식입니다."라는 말을 듣게 되었다.

- 어떻게?
- 무엇을 가지고?
- 누구와?
- 무슨 일을 해야 하지?

막연하고 막막한 상황에서 하나하나 체계적으로 가르쳐주는 스폰서와 교육시스템, 도구가 바로 하이리빙이다.

20210428

인생길과 네이버 길찾기

인생은 2박 3일, 5박 6일, 30박 31일의 여행들이 모여 이어지는 3만 6,500일 동안의 항해다.

'학창 시절, 결혼, 육아, 직장생활, 사업, 인간관계'

인생의 모든 길은 처음 와본 길이기에 계속 헤맨다. 인생길도 네이버 길찾기에서 알려준다면 어떨까?

한없이 드넓은 바다 위에 떠 있었는데, 어디로 가야 할지 몰라 막막했다.

"힘내세요. 당신은 당신의 생각보다 훨씬 더 대단한 사람입니다."

"공부하십시오. 당신은 어마어마한 잠재능력을 갖고 있습니다."

"자신을 믿고 능력을 최대한 끌어내세요. 당신은 할 수 있습니다."

하이리빙은 내 자신이 엄청난 보고(寶庫)라는 걸 가르쳐줬다.

"오른쪽으로 가면 기회고, 왼쪽으로 가면 위험이에요."

"지금이 기회입니다. 얼른 잡으세요."

"지금은 위기입니다. 기본과 정도를 지키며 다음 기회를 같이 기다리죠."

나아가야 할 때와 멈춰야 할 때도 알려줬고.

'좌로 50km 갔다가, 우로 50km 갔다가'
과거에도 열심히 살았는데
'다시 우로 100km 갔다가, 좌로 100km 갔다가'
어찌 된 영문인지 아무리 노력해도 제자리였다. 하이리빙 사업 덕택에 방향성을 설정하는 게 핵심이라는 걸 알게 됐고, 처음으로 도착지를 입력하게 됐다.

- 예순 이후에 자유인이 될 것이다
- 소비연금 1,000만 원을 만들 것이다

나름 열심히 공부하고 일했음에도 불구하고 후회되는 일들이 왜 그토록 많은 걸까? 내비게이션에 출발지와 도착지를 입력하지 않았기 때문이다.

- 지금 어디에 서 있는 걸까?
- 어디를 향해 가고 있는 걸까?
- 최종도착지는 어딘가?

물어야 한다. 네이버 길찾기에 들어가 출발지에 '서울 송파'를, 도착지에 '부산역'을 친다.

- 총 거리 _ 389km
- 기차 _ 3시간
- 자동차 _ 4시간 17분
- 자전거 _ 37시간
- 도보 _ 불가

활용 가능한 교통수단과 교통수단에 따라 달라지는 도착시각까지 자세히 알려준다. 기차를 타면 세 시간 뒤에, 자동차를 타면 네 시간 십칠 분 뒤에, 자전거를 타면 서른일곱 시간 뒤에, 걸으면 보름~한 달 뒤에 도착한다. 조금 빨리 도착하느냐, 조금 늦게 도착하느냐의 차이만 있을 뿐이니 부산역에 정말 가고 싶다면 부산역을 향해 출발하는 게 가장 중요하다.

"목적지 부근입니다. 안내를 종료합니다."

- 예순 이후에 자유인이 될 것이다
- 소비연금 1,000만 원을 만들 것이다

내비게이션의 안내를 따라오니 어느새 '내가 입력한 목적지'에 도착해 있다. 나의 내비게이션이 되어준 하이리빙에 감사드린다.

9 좋은 건강

20190622

매일 기본만, 늘 기본만

위대함은 기본의 합이고, 바윗돌을 뚫는 건 한 방울씩 끊임없이 떨어지는 낙숫물이기에 오늘도 건강과 소비연금 이야기를 쓰면서 하루를 시작한다. 늘 똑같은 일상이며 매일 기본을 반복하는 거다.

이 닦고, 세수하고, 알칼리이온수 한 컵 마시고, 스트레칭하고, 생식에 유산균과 참효소 타 먹고, 플라즈마샤워 3분 하고, 타임리셋 크림 바르고, 라파402를 배에 대고 밸런스시트 방석에 앉아 글을 쓰는 게 아침 루틴이다.

책 읽고, 강의 듣고, 유튜브 보고, 제품소비 하고, 이 네 가지를 어떻게 했는지 구체적인 내용을 SNS로 이야기하는 게 하루 루틴이고.

누구나 하는 이 닦기와 세수, 누구나 먹는 아침, 누구나 하는 독서와 글쓰기, 99퍼센트는 같고, 1퍼센트는 다르다.

1. 대형마트에 가서 산다
2. 검증된 제품을 제공해주고, 캐시백까지 해주는 하이리빙마트에서 산다

1. 매일 화식(火食)을 먹는다

2. 하루에 한 끼는 생식(生食)을 먹는다

1. 유명연예인이 광고한 제품을 소비한다
2. 내가 소비한 제품을 광고한다

1. 다른 사람이 쓴 글을 보며 산다
2. 건강 이야기, 소비 이야기를 직접 글로 쓴다

　1번에서 2번으로 생활습관을 바꾸면 건강과 연금문제가 동시에 해결된다. '양치, 식사, 물 먹기', 매일 해야만 하는 생필품소비를 검증된 제품들로 하다 보면 건강해지며, 평생 해야 하는 소비이기에 소비연금이 된다. 건강 만들고 소비연금 만드는 게임은 세상에서 가장 재밌고 유익한 게임이다.

　건강과 연금을 원하십니까?

　소비연금을 갖겠다는 생각을 하십시오

　제품을 바꿔 쓰세요
　소금 하나, 세제 하나도 검증된 제품, 캐시백 해주는 제품으로 쓰세요. 아주 작은 차이가 건강과 소비연금이 된답니다.

　강의 듣고 책 읽으세요
　변화한 세상과 보이지 않던 세상이 보입니다.

　생필품소비와 연결공유가 만나면 소비연금이 되고, 성공시스템과 연결공유가 만나면 1인 기업이 된다.

예를 들어, 건강한 다이어트를 하며 이 과정을 자랑하면 건강과 연금을 챙길 수 있다.

- 고른 영양
- 좋은 물

이 건강의 기본이다. 이 두 가지만 챙겨도 건강의 80퍼센트는 지킬 수 있다.

'자연으로 갖추는 균형 잡힌 한 끼, 한 끼만큼은 살아 있는 생명력 그대로를 섭취하세요.'
하이리빙 순(純)생식, 단 한 번에 54가지 식물성분을 섭취할 수 있다.

좋은 물이란?

- 환원력이 높은 물
- 미네랄이 풍부한 물
- 입자가 작은 물

'블루웰, 좋은 물의 새로운 기준, 블루웰 알칼리전해환원수기플러스
- 4대 위장질환 개선효과
- 식약처로부터 2등급 의료기기 인증획득'
모든 사람이 사용했으면 하는 알칼리전해환원수, 좋다는 걸 알게 되니 입을 다물 수가 없다.

알칼리이온수 생성기준 _ pH 8.5~10.0 이하

- pH 9.5(알칼리 4단계)
- pH 9.0(알칼리 3단계)
- pH 8.7(알칼리 2단계)
- pH 8.5(알칼리 1단계)
- pH 7.2(정수)
- pH 6.0(산성 1단계)
- pH 5.0(산성 2단계)
- pH 4.0(산성 3단계)

'노화(老化) = 산화(酸化)'
이기에 알칼리이온수를 마시는 건 중요하다.

'따뜻, 깨끗, 촉촉'
건강의 3요소다. 손을 만져보면 건강상태를 알 수 있는데, 손이 따뜻하고 촉촉하면 건강한 거다. 손끝, 발끝까지 피가 잘 전달돼야만 손발이 따뜻하고 촉촉해질 수 있으며, 알칼리이온수는 일반 물보다 입자크기가 작아서 손끝, 발끝까지 잘 전달이 된다.

20210114

매일 기본, 늘 기본

　블로그를 통한 상담이 점점 늘어나고 있다. 간질환, 당뇨, 신장질환, 관절염에 대해 상담하면서 "사장님을 조금만 빨리 알았더라면 얼마나 좋았을까요."라는 말을 자주 듣는다. 상담자들은 그동안 자기 자신에게 무심했음을 후회한다. 신장투석 직전에 만난 환자는 신장이상과 고혈압, 당뇨가 한꺼번에 와버렸기에 생식조차 먹을 수 없는 상태였다.
　건강할 때 건강습관을 들이면 더 쉽고, 효율적으로 건강을 유지할 수 있으니 여러 모로 이득이다.
　젊을 때는 누구나 다 예쁘고 건강하므로 바로 이때부터 건강관리를 시작해야 한다. 건강할 때 건강을 지키는 게 가장 좋다.

- 10년 젊어 보인다
- 10년 나이 들어 보인다

　예순이 되면 젊을 때부터 건강관리를 한 사람과 안 한 사람은 20년의 차이가 나게 된다.

　'건강을 지키는 올바른 식습관, 하이리빙 순생식!'

신장질환 상담을 하기 위해 생식을 공부하면서 생식이 좋다는 걸 다시 한 번 깨닫는다. 이론에 그치는 게 아니라 실제로 내 몸에 도움이 되니 재밌다.

알칼리이온수의 물 입자는 일반 물의 1/2~1/3이기에 빠른 흡수와 배출이 가능하다.

- 뇌 _ 75퍼센트
- 치아 _ 10퍼센트
- 폐 _ 80퍼센트
- 심장 _ 75퍼센트
- 간 _ 80퍼센트
- 신장 _ 83퍼센트
- 근육 _ 75퍼센트
- 뼈 _ 22퍼센트
- 피부 _ 71퍼센트
- 혈액 _ 83퍼센트

물이 중요한 이유는 인체의 60~80퍼센트가 물이기 때문이다.
  당뇨상담을 위해 공부하다 보니 건강정보를 알려야 할 사람이 많고, 간질환 상담을 위해 가시엉겅퀴를 공부하다 보니 나도 먹고, 가족들도 먹이게 된다. 상담의 가장 큰 수혜자는 나 자신이다.

- 공부하고
- 경험하고
- 연결공유하다 보니
- 소비연금을 받게 된다

20200910

좋은 물, 식이섬유, 암 보험료

"3대 질병을 해결하는 암보험."

호감 가는 유명연예인이 TV광고에 나와 말한다. 암보험이 3대 질병을 해결해주지는 않지만 보험을 넣고 나면 안심이 되기에 가족구성원 각각의 보험을 다 들게 되고, 기본보험만 넣어도 4인 가족 기준, 한 달에 60만~70만 원은 무조건 나간다.

수십 년 동안 불입한 암 보험료만 해도 수천만~수억 원인데 아직까지 몇 만 원도 돌려받지 못 했다. 암에 걸린 적이 없으니 당연한 일이고, 감사하게도 앞으로도 계속 건강하게 산다면 납부한 보험료들은 소멸하고 만다.

그리고 암에 걸린다고 해도 국가가 90퍼센트를 지원해주는 덕택에 내가 지불해야 할 비용은 전체 치료비의 10퍼센트다.

그럼 앞으로 어떻게 암을 준비해야 할까? 매달 몇 십만 원씩 꼬박꼬박 보험료를 내는 게 효율적인 암 대비책일까? 재테크의 기본은 보험 리모델링이라는 게 핵심이다. 생각을 다르게 할 수 있다면 더 좋은 방법을 활용할 수도 있으며, 보험에 지출할 돈을 다른 곳에 쓸 수도 있다.

암에 걸린 후 받게 될 진단비와 치료비는 1,000만~4,000만 원이다.

- 이 돈으로 종합비타민과 식이섬유를 구입해서 날마다 먹었다면 어땠을까?
- 이 돈으로 블루웰 전해환원수기를 사서 매일 좋은 물을 마셨다면 어땠을까?
- 이 돈으로 쉼온후와 라파402를 구매해서 체온을 높였다면 어땠을까?
- 이 돈을 운동하고, 건강공부하는 데에 꾸준히 투자했다면 어땠을까?

소중한 사람이 암에 걸린 뒤에 하게 되는 안타까운 후회들이다.

"홍콩인의 평균수명은 89.4세입니다. 성인병에 걸린 홍콩인의 비율은 한국인의 10분의 1도 안 되는데 핵심원인은 홍콩인이 마시는 물입니다."

홍콩여행하면서 들은 말 중에 가장 기억에 남는 말이다. 물을 왜 먹어야 하는지, 어떤 물이 좋은 물인지에 대해 아는 분들은 거의 없다. 체감상 5퍼센트도 안 된다. 왜 암에 걸리는지, 식이섬유를 꾸준히 먹는 게 왜 중요한지, 식이섬유의 종류가 왜 그토록 다양한 건지에 대해 아는 분들도 거의 없고.

평생 건강하게 살고 싶은 마음에 매달 몇 십만 원씩 보험료를 내면서도 블루웰 전해환원수기는 비싸다는 이유로 못 산다. 생각의 전환이 필요하다. 암보험을 넣는 것도 중요하지만 더 중요한 건 건강할 때 건강습관을 들이는 거다.

우리 사업은 광고 사업이므로 프로답게 암보험 광고를 하는 유명연예인처럼 우리도 하이리빙 광고를 하면 된다. 암보험 광고에 임하는 유명 연예인만큼의 프로의식과 실력을 갖추고 있는지 되돌아본다.

그냥 연예인이 아니라 호감 가는 연예인이라는 게 핵심이다. 광고모델의 이미지가 제품에 대한 신뢰로 직결되는 건데, 하이리빙의 광고모델은 바로 나다. 사람들이 나를 믿게끔 프로답게 해야 된다.

하이리빙의 좋은 제품을 통해 건강해지면서 건강해지는 원리와 과정을 광고하는 게 우리 사업이며, 나같은 건강한 소비자들이 많아지면 소비연금이 된다.

유명연예인은 암보험을 광고한 대가로 광고소득을 받고, 우리는 건강에 좋은 제품을 광고한 대가로 광고소득을 받는다. 많은 사람들이 건강습관을 갖도록 도울 수 있음에 감사드린다. 건강과 부를 동시에 창출하는 광고전문가가 되었음에 감사드린다.

20210122

중환자실 간호사

중환자실 간호사로서 사회생활을 시작했음에 감사드린다. 젊은 시절, '앞으로 어떻게 살면 좋을까?'라는 질문을 던져준 직업에 종사한 건 축복이다.

간호학생 실습 중에 만난 40세 미모의 여성 율리아나 씨는 불임과 남편의 외도 때문에 삶을 비관해 자살을 시도한 상태였는데, 평약(청산가리)을 먹어 온몸과 얼굴, 소변, 침마저도 전부 파랬다. 옆 병상에서 죽어가는 환자들을 보며 마음이 바뀐 그녀는 나를 만났을 때 무척 살고 싶어 했다. 내 손을 붙잡고 살려달라고 했고, 이대로 죽으면 지옥에 간다며 죽음을 두려워했다. 남편을 용서했으며 퇴원하게 되면 열심히 살겠다고도 했다.

"하나님, 제발 율리아나를 살려주세요."

실습기간 3일 동안 자신이 살아온 삶을 고해성사 하듯 고백하는 율리아나 씨의 손을 맞잡고 간절히 기도했다. 병원을 나와서도 매일 기도했다.

4일 후, 중환자실 실습을 가니 율리아나 씨 침대에 다른 환자가 누워 있었다. 일반병실로 올라가지 못 하고 하늘나라로 떠난 후였다. 태어나

경험한 첫 죽음이었기에 충격이 컸다. '여기가 가장 급한 곳이구나.'라는 생각이 들어 중환자실 근무를 자원했다. 내 삶의 최우선순위는 전도(傳道)이기 때문이다.

중환자실은 하루 24시간, 1년 365일 내내 1분, 1초와 계속해서 싸우는 곳이다. 심장이 쉼 없이 박동하는 것처럼 누군가를 살리기 위해서는 부단히 움직여야만 한다.

신참간호사인 나는 밤번(night番)근무를 많이 했는데, 밤 10시 반에 시작하여 데이번(day番)에게 인수하는 아침 7시까지 여덟 시간 반 동안 눈은커녕 엉덩이도 붙일 수 없을 만큼 바쁘게 돌아다녔다. 환자 열 명의 바이탈체크(동공, 체온, 호흡, 혈압), 체위변경, 석션(가래제거), 수액점검, 소변량점검을 10분 간격으로 하다 보면 동이 트고, 아침이 된다.

- 호전되어 일반병실로 옮기는 길
- 장례식장으로 가는 길

중환자실 환자에게는 두 갈래 길만이 있다. 일반병실로 올라가실 때는 기쁘지만 임종 후 몸에 부착해놓은 기기들을 하나씩 떼어낼 때는 경건한 마음이 된다.

중환자실처럼 사연이 많은 곳도 없다. 수많은 마지막 이별의 모습을 지켜보며 사람은 누구나 죽는다는 걸 실감했고, 아름다운 이별을 하고 싶다고 다짐했다. 지금도 힘들 때마다 중환자실을 떠올리면 바로 감사 모드로 전환된다.

- 산소호흡기 없이 자가호흡을 할 수 있다

- 다른 사람의 도움 없이 혼자 밥을 먹을 수 있다
- 소변줄, 관장 없이 스스로 대소변을 볼 수 있다
- 혼자서 몸을 뒤척일 수 있다
- 손과 뇌가 협력하여 한 편의 글을 쓸 수 있다

당연하게 하고 있는 모든 것들이 다 기적이다. 중환자실에서는 이 행위들을 하려면 돈을 내야 한다.

- 산소호흡기 사용료
- 수액처치료
- 소변줄 사용료(끼우는 요금, 소독하는 요금, 제거하는 요금)
- 관장료
- 죽 먹여주는 요금
- 혈압 재고, 체온 재는 봉사료
- 혈압과 체온을 정상으로 만드는 치료비, 처치비

"원무과 다녀오세요."
거의 매일 보호자에게 수납 청구서를 건넸던 기억이 난다. 따라서

- 하루를 건강하게 살면 30만~40만 원을 번 거다
- 한 달을 건강하게 살면 1,000만 원을 번 거다
- 1년을 건강하게 살면 1억 원을 번 거다

하이리빙을 선택한 이유도 여기에 있다. 내 몸이 건강할 때 건강습관을 들일 수 있는 사업이기 때문이다.

중환자실에서 급성간염(serum hepatitis)에 걸린 뒤, 간호사를 그만

두고 학교로 이동하게 되었으니 중환자실에서 근무한 기간은 2년밖에 되지 않는다. 하지만 이 시기는 삶의 근간이 되어주었다. 코마(coma, 혼수) 혹은 세미코마(semicoma, 반혼수) 상태의 환자들과 함께한 젊은 시절 덕택에 죽음을 생각하며 살 수 있게 됐다.

"눈 떠보세요."

플래시로 동공사이즈를 확인한다.

"손에 힘 줘보세요."

맥박과 호흡을 듣기 위해 심장에 귀를 갖다 대면 느껴지는 심장소리, 체온의 따뜻함, 애절한 눈빛. 중환자실을 떠올리면 헛되게 살 수 없다. 인생의 방향성을 정해준 율리아나 씨에게 감사드린다.

에필로그

소비연금학교 개교

'노인'과 '연금'이란 단어가 심각하게 다가온 것은 4년전 이맘때 58세 생일을 지나서였다.

대한민국에서 노인이 된다는 것은 보통 심각한 일이 아니다.
OECD국가 중 노인빈곤율 압도적 1위 한국 47.7% (2017) OECD 평균 12.1% (2014)
OECD 국가중 노인자살률 압도적 1위 인구 10만명당 한국 54.8명 / OECD 평균 18.4명 (2013)
한국 노인 자살 원인 1위 "경제적 어려움" (40.3%)

2018년 12월 세미나를 계기로 노인관련 통계치를 보며 (특히 압도적 1위라는 표현) 고령화 시대가 엄청난 재앙이며, 이제부터 재앙이 시작된다는 생각, 고령화의 주인이 바로 우리들이라는 긴박감에 연금 관련 글을 쓰기 시작했다.

4년이 지난 지금, 고령화와 저출산은 더욱 심각, 연금개혁은 더 이상 미룰 수 없는 시급한 일이 되었다.

윤석열 정부는 취임과 동시에 연금개혁을 추진하고 있다.

국민연금을 비롯한 직역연금(공무원, 군인, 사학연금), 4대 연금이 이미 적자이거나 적자 위기에 처해 있기에 연금개혁은 더 이상 미룰 수 없다.

그리고 기초연금인상으로 인해 기초연금을 받지 못하는 상위 30% 계층의 국민연금 수급액보다 기초연금을 받는 70%의 기초연금액에 더 많아지는 역전현상 발생, 이를 해소하기 위해서는 기초연금 수급 대상을 100%로 늘리거나 대폭 줄여야 하는데 모두 재정여력이나 반발을 고려할 때 쉽지않기 때문에 연금개혁이 가시밭길이 예고되어 있다. (한국 경제 신문 8월 20일자)

분명한 것은 국민연금을 비롯한 모든 연금감소는 불가피한 일이다.

이를 위한 대안으로 소비연금을 제안한다.

20년 동안 사업을 하면서 네트워크마케팅은 21세기 최고의 비지니스라고 느꼈기에 정통 소비자 네트워크마케팅을 가르쳐주는 학교를 만들고 싶었다. 소비를 통해 연금성 소득, 평생직업, 평생건강, 평생친구를 만드는 방법과 파이프라인을 구축하여 부자가 될 수 있는 방법을 공유하고 싶었다.

그동안 직접 만나서 이야기도 하고, 강의도 하고, '1그램의 고통과 1톤의 행복'. '4300원의 자신감' 책도 쓰고,
6000여편의 블로그 글도 쓰면서 많은 사람들에게 알렸다.
코로나 시대를 맞아 줌(Zoom) 소비연금학교를 열게 되었다.

소비를 통해 건강과 연금문제를 해결할 수 있는 학교
삼척동자도 이해할 수 있는 재미나고 체계적인 교육커리큘럼을 가진 학교

꿈이 있는 인재들이 앞 다퉈 들어오고 싶어 하는 학교
졸업하면 취업 걱정없는 학교
100세 시대에 평생현역으로 살 수 있도록 실력을 키워주는 학교

1인기업가의 자세와 경영을 가르쳐 주는 전문 경영인 학교
시스템 속에서 배우고, 성장하고 , 성공하는 학교
다른 사람들과 경쟁이 아닌 어제의 나와 경쟁하는 학교

어떤 학교보다 비전있는 학교, 행복한 학교
소비연금도 국민연금, 공무원연금처럼 안정적인 연금성 소득이 된다는 걸 경험할 것이다.
생필품에 숨겨진 부의 비밀을 통해 희망을 발견할 거고, 연결공유의 시대가 꿈에 날개를 달아줄 것이다.

10년~20년 후 소비연금이 일반화되어 고령화 시대 연금의 한축을 담당해 줄 것을 믿는다.